Gerechter Frieden

Reihe herausgegeben von
I.-J. Werkner, Heidelberg, Deutschland
S. Jäger, Heidelberg, Deutschland

„Si vis pacem para pacem" (Wenn du den Frieden willst, bereite den Frieden vor.) – unter dieser Maxime steht das Leitbild des gerechten Friedens, das in Deutschland, aber auch in großen Teilen der ökumenischen Bewegung weltweit als friedensethischer Konsens gelten kann. Damit verbunden ist ein Perspektivenwechsel: Nicht mehr der Krieg, sondern der Frieden steht im Fokus des neuen Konzeptes. Dennoch bleibt die Frage nach der Anwendung von Waffengewalt auch für den gerechten Frieden virulent, gilt diese nach wie vor als Ultima Ratio. Das Paradigma des gerechten Friedens einschließlich der rechtserhaltenden Gewalt steht auch im Mittelpunkt der Friedensdenkschrift der Evangelischen Kirche in Deutschland (EKD) von 2007. Seitdem hat sich die politische Weltlage erheblich verändert; es stellen sich neue friedens- und sicherheitspolitische Anforderungen. Zudem fordern qualitativ neuartige Entwicklungen wie autonome Waffensysteme im Bereich der Rüstung oder auch der Cyberwar als eine neue Form der Kriegsführung die Friedensethik heraus. Damit ergibt sich die Notwendigkeit, Analysen fortzuführen, sie um neue Problemlagen zu erweitern sowie Konkretionen vorzunehmen. Im Rahmen eines dreijährigen Konsultationsprozesses, der vom Rat der EKD und der Evangelischen Friedensarbeit unterstützt und von der Evangelischen Seelsorge in der Bundeswehr gefördert wird, stellen sich vier interdisziplinär zusammengesetzte Arbeitsgruppen dieser Aufgabe. Die Reihe präsentiert die Ergebnisse dieses Prozesses. Sie behandelt Grundsatzfragen (I), Fragen zur Gewalt (II), Frieden und Recht (III) sowie politisch-ethische Herausforderungen (IV).

Weitere Bände in der Reihe http://www.springer.com/series/15668

Ines-Jacqueline Werkner · Torsten Meireis
(Hrsg.)

Rechtserhaltende Gewalt – eine ethische Verortung

Fragen zur Gewalt · Band 2

 Springer VS

Hrsg.
Ines-Jacqueline Werkner
Heidelberg, Deutschland

Torsten Meireis
Berlin, Deutschland

Gerechter Frieden
ISBN 978-3-658-22498-1   ISBN 978-3-658-22499-8   (eBook)
https://doi.org/10.1007/978-3-658-22499-8

Die Deutsche Nationalbibliothek verzeichnet diese Publikation in der Deutschen Nationalbibliografie; detaillierte bibliografische Daten sind im Internet über http://dnb.d-nb.de abrufbar.

Springer VS

Verantwortlich im Verlag: Jan Treibel

Springer VS ist ein Imprint der eingetragenen Gesellschaft Springer Fachmedien Wiesbaden GmbH und ist ein Teil von Springer Nature
Die Anschrift der Gesellschaft ist: Abraham-Lincoln-Str. 46, 65189 Wiesbaden, Germany

Inhalt

Verortung und Begründungszusammenhänge rechtserhaltender Gewalt
Eine Einführung

Ines-Jacqueline Werkner

1 Zur EKD-Friedensdenkschrift und ihrem Terminus der rechtserhaltenden Gewalt

„Si vis pacem para pacem" (wenn du den Frieden willst, bereite den Frieden vor) – unter dieser Maxime steht das Leitbild des gerechten Friedens. Es steht „für einen fundamentalen Wandel in der ethischen Praxis" und setzt „andere Bewertungsgrundlagen und Handlungskriterien voraus" (ÖRK 2011, Präambel). Ausgehend von Psalm 85,11 „dass Gerechtigkeit und Friede sich küssen" sowie Jesaja 32,17 „der Gerechtigkeit Frucht wird Friede sein, und der Ertrag der Gerechtigkeit ewige Stille und Sicherheit" (vgl. auch Jak 3,18) werden Frieden und Gerechtigkeit wechselseitig aufeinander bezogen (vgl. ÖRK 2011, Ziff. 1 und 3). Damit verbunden ist ein Perspektivenwechsel: Nicht mehr der Krieg, sondern der Frieden steht im Fokus des neuen Konzeptes. So umfasst der gerechte Frieden „viel mehr als den Schutz von Menschen vor ungerechtem Einsatz von Gewalt"; er schließt „soziale Gerechtigkeit, Rechtsstaatlichkeit, Achtung der Menschenrechte und Sicherheit für alle Menschen" mit ein (ÖRK 2011, Ziff. 10). In der Friedensdenkschrift der Evan-

© Springer Fachmedien Wiesbaden GmbH, ein Teil von Springer Nature 2019
I.-J. Werkner und T. Meireis (Hrsg.), *Rechtserhaltende Gewalt – eine ethische Verortung*, Gerechter Frieden, https://doi.org/10.1007/978-3-658-22499-8_1

gelischen Kirche in Deutschland (EKD) werden vier Dimensionen benannt, die einen gerechten Frieden ausmachen: die Vermeidung von und der Schutz vor Gewalt als zentrales Grundelement; die Förderung der Freiheit für ein Leben in Würde; der Abbau von Not durch die Korrektur sozio-ökonomischer Asymmetrien sowie die Anerkennung kultureller Verschiedenheit für eine konstruktive Konfliktkultur (vgl. EKD 2007, Ziff. 78-84).[1]

Vor dem Hintergrund dieser friedenspolitischen Dimensionen basiert der gerechte Frieden in der Friedensdenkschrift der EKD auf drei Grundorientierungen: „(1) dem Vorrang ziviler Konfliktbearbeitung, (2) dem Verständnis einer Friedensordnung als Rechtsordnung sowie (3) der Beschränkung militärischer Gewalt zur Rechtsdurchsetzung" (Hoppe und Werkner 2017, S. 349).

Zum ersten und zentralen Grundsatz des neuen friedensethischen Leitbildes heißt es in der Friedensdenkschrift: „Im Rahmen des Konzeptes des gerechten Friedens ist zivile Konfliktbearbeitung eine vorrangige Aufgabe" (EKD 2007, Ziff. 170).[2] Dabei komme der Konfliktvorbeugung und -nachsorge, die zugleich der Prävention neuer Konflikte diene, eine besondere Bedeutung zu. Ferner gelte es, die verschiedenen Aktivitäten – wie beispielsweise die Unterstützung und den Aufbau ziviler Strukturen in Konfliktregionen, die Förderung und den Ausbau demokratischer Strukturen, Maßnahmen zur Deeskalation gewaltförmiger Konflikte oder auch die Förderung von Friedensallianzen – zu vernetzen (vgl. EKD 2007, Ziff. 177).

---

1   Die Denkschrift der EKD hat die in der Friedensforschung entwickelten vier Dimensionen des Friedens (vgl. hierzu Senghaas und Senghaas-Knobloch 2017) explizit in ihr Leitbild vom gerechten Frieden übernommen.

2   Bemerkenswert ist, dass in der Friedensdenkschrift der EKD diese „vorrangige Aufgabe" erst relativ spät zur Sprache kommt.

Zweitens wird Friedensordnung als Rechtsordnung verstanden. Frieden, Recht und Gerechtigkeit bilden die zentralen Begriffe der Friedensdenkschrift. Nach ihr ist der gerechte Frieden „zu seiner Verwirklichung auf das Recht angewiesen" (EKD 2007, Ziff. 85). Perspektivisch liege dem gerechten Frieden eine „kooperativ verfasste Ordnung ohne Weltregierung" (EKD 2007, Ziff. 86) mit einem System kollektiver Sicherheit zugrunde. Damit schreibt die Denkschrift den Vereinten Nationen auf dem Weg zum gerechten Frieden eine prominente Rolle zu, verbunden mit weitergehenden Forderungen nach einer Fortentwicklung völkerrechtlicher Normen.

Drittens erfolgt – ausgehend von der Kriegsächtung und dem grundsätzlichen Gewaltverbot der Vereinten Nationen – eine Beschränkung militärischer Gewalt zur Rechtsdurchsetzung.[3] Dafür steht der Terminus der „rechtserhaltenden Gewalt" (EKD 2007, Kap. 3.2). Damit verbindet sich die Auffassung, dass militärische Gewaltanwendung ausschließlich dann zulässig sein kann und erfolgen darf, wenn sie dazu dient, Recht zu erhalten beziehungsweise Recht zu setzen. Im Fokus stehen dabei die Menschenwürde und die Menschenrechte. Durch die Anerkennung dieser soll eine „wechselseitige Erwartungssicherheit" ermöglicht werden, „die Konflikte und Interessengegensätze gewaltfrei zu regeln erlaubt" (Meireis 2012a, S. 3).

Mit der Bindung des Friedens an die Herrschaft des Rechts, in der Friedensdenkschrift ausgedrückt in der Formel „Friede durch Recht", wird ein rechtspazifistischer Zugang verbunden. So liege allem Recht ein grundsätzliches Gewaltverbot zugrunde:

> „Das Recht gründet sich in der freien Übereinstimmung betroffener Menschen über Regeln gemeinsamen Lebens als Grundlage ihrer

---

3 Dies umfasst zwei Komponenten: die Rechtserhaltung wie auch die Rechtssetzung (vgl. u. a. Meireis 2012b, S. 189; Huber 2012, S. 227).

individuellen Selbstverwirklichung. Nicht aus Willkür, sondern im Verzicht auf jede Willkür wird kein Betroffener aus dem Kreis dieses Einvernehmens ausgeschlossen. Entweder wird ein Konflikt rechtsförmig reguliert, oder er wird gewaltsam ausgetragen. Beides gleichzeitig geht nicht, weder begrifflich noch normativ noch praktisch" (Schubert 2013, S. 38).

Die rechtserhaltende Gewalt bleibe aber dennoch „stets prekär", denn wenngleich ihr Ziel die Einhegung von Gewalt ist, könne diese ihre Anwendung zugleich befördern (vgl. Meireis 2012, S. 191 mit Verweis auf Körtner 2003, S. 357). In diesem Kontext betont auch die Philosophin Gertrud Brücher das dem Rechtspazifismus inhärente Spannungsverhältnis von Rechtsstiftung und Rechtsgehorsam:

> „Die unbeantwortete Frage, welcher Wert dem anderen vorausgeht, der Friede dem Recht oder das Recht dem Frieden, infiltriert einen Zweifel in Legitimationssemantiken jeder Art. Das gewaltsame Vorgreifen auf konsolidierte Rechtsverhältnisse praktiziert einen halbierten Rechtsfrieden; er beachtet im kantischen Rechtverständnis nur den Aspekt der *Herbeiführung* und unterschlägt den Aspekt des *Gehorsams*. Allein diese Strangulierung des kantischen Rechtsprinzips unterhöhlt das Gewaltverbot der UN-Charta, das einst als entscheidender Schritt auf dem Weg zum globalen Rechtsfrieden gerühmt worden war" (Brücher 2017, S. 437).

Mit dem Zugang der rechtserhaltenden Gewalt distanziert sich die EKD-Denkschrift vom radikalen Pazifismus. Zugleich erfolgt eine Absage an die Lehre vom gerechten Krieg (vgl. Strub und Grotefeld 2007). So heißt es explizit in der Friedensdenkschrift: „Im Rahmen des Leitbilds vom gerechten Frieden hat die Lehre vom *bellum iustum* keinen Platz mehr" (EKD 2007, Ziff. 102). Mit dem Konstrukt des Friedens durch Recht, das auf Durchsetzbarkeit angelegt ist (vgl. EKD 2007, Ziff. 98), stellt sich aber wiederum die Frage nach den ethischen Maßstäben des Gewaltgebrauchs. In der Friedensdenkschrift lesen sich die Kriterien der Ethik rechtserhaltender Gewalt dann ähnlich wie die des gerechten Krieges. So finden sich seine Kriterien – unterteilt in *ius ad bellum* (differenziert in gerechter Grund, legitime Autorität, rechte Absicht, letztes Mittel, Aussicht auf Erfolg, Verhältnismäßigkeit der Folgen) und *ius in bello* (differenziert in Verhältnismäßigkeit der Mittel, Unterscheidung zwischen Kombattanten und Nicht-Kombattanten) – in gleicher Weise in der Konzeption des gerechten Friedens wieder. Genau diese Fragen – nach dem Recht zum Kriegführen und nach der rechtmäßigen Kriegführung – werden auch im gerechten Frieden zu Prüfkriterien rechtserhaltender Gewalt erhoben (vgl. EKD 2007, Ziff. 102f.). Allerdings differenziert die Friedensdenkschrift zwischen den Kriterien des gerechten Krieges und seinen Rahmenbedingungen. Dabei bestünden „[n]icht gegen Kriterien dieser Art als solche, wohl aber gegen die überkommenen Rahmenbedingungen des gerechten Kriegs, in die sie eingefügt waren, […] prinzipielle Einwände" (EKD 2007, Ziff. 99). So würde die Lehre vom gerechten Krieg politischen Kontextbedingungen entstammen, in denen es weder eine generelle Ächtung des Krieges noch eine rechtlich institutionalisierte Instanz zur transnationalen Rechtsdurchsetzung gebe (vgl. EKD 2007, Ziff. 99). Diese Parallelität der Kriterien der rechtserhaltenden Gewalt mit denen des gerechten Krieges ist nicht unproblematisch. In einen anderen Rahmen gestellt muss über die Begründung der rechtserhaltenden Gewalt und ihrer Prüfkriterien neu nachgedacht werden.

2   Zu diesem Band

Dieser erste von zwei Bänden zur rechtserhaltenden Gewalt beabsichtigt, grundlegend über die Begründung und Verortung der rechtserhaltenden Gewalt neu nachzudenken, bevor im nachfolgenden Band dieser Reihe deren Prüfkriterien im Fokus der

Betrachtung stehen werden. Argumentativ geht der vorliegende Band in drei Schritten vor:

Der erste Beitrag von *Bernd Oberdorfer* nimmt die in der Friedensdenkschrift verankerte konstitutive Absage an die Lehre vom gerechten Krieg zum Ausgangspunkt seiner Betrachtungen. In Analyse und Verortung beider Konzepte – des gerechten Krieges und des gerechten Friedens – plädiert er dafür, „die plakative Gleichordnung der beiden Begriffe aufzugeben" und „unter Anerkennung des Leitbilds vom gerechten Frieden die Lehre vom gerechten Krieg im Horizont aktueller Fragestellungen neu durchzubuchstabieren". Dabei kommt der Autor zu dem Ergebnis, der Lehre vom gerechten Krieg „eine begrenzte, untergeordnete Rolle" einzuräumen.

In einem zweiten Schritt stehen biblische Bezüge und theologische Traditionen im Fokus der Betrachtung. Der Beitrag von *Marco Hofheinz* entfaltet anhand zentraler Knotenpunkte die Wirkungsgeschichte von Römer 13. Im Mittelpunkt steht die politische Ethik, insbesondere Fragen der Vereinbarkeit von Gewaltverzicht und der Ausübung politischer Zwangsgewalt sowie von Friedensforderung und Gewaltgebrauch. In einem großen Bogen – von Augustin über Martin Luther bis hin zu Immanuel Kant – zeigt der Autor Kontinuitäten, aber auch Diskontinuitäten der jeweiligen Entwürfe auf. *Hartwig von Schubert* versucht, theologische, philosophische und juristische Perspektiven, aus denen sich der gerechte Frieden speist, zu verknüpfen. Dabei werden biblisch das Motiv des Reiches Gottes, philosophisch die Idee des Friedens und juristisch das Projekt eines Friedensvölkerrechts miteinander in Beziehung gesetzt. Der Beitrag von *Konrad Raiser* widmet sich der Frage, wie anschlussfähig eine Ethik rechtserhaltender Gewalt angesichts verschiedener konfessioneller Perspektiven im ökumenischen Diskurs ist. In seiner Analyse verweist der Autor auf die Spannung zwischen zwei unterschiedlichen Logiken: Indem die EKD-Denkschrift mit ihrer rechtserhaltenden Gewalt weiterhin auf „die Abwehr des

Bösen in Gestalt von Gewalt und Bedrohung der Herrschaft des Rechts" setze, bleibe sie – wie die Lehre vom gerechten Krieg – „der großkirchlichen Tradition verpflichtet". Die diesem Denken entgegengesetzte Logik fokussiere dagegen nicht auf den Umgang mit Rechtsbrüchen, sondern stelle die Vertrauensbildung und die Überwindung von Freund-Feind-Schemata an den Anfang.

In einem dritten Schritt nimmt der Band das Verhältnis der rechtserhaltenden Gewalt zu den vier Friedensdimensionen der EKD-Denkschrift – Schutz vor Gewalt, Schutz der Freiheit, Schutz vor Not, Anerkennung kultureller Verschiedenheit – in den Blick. Der Beitrag von *Lothar Brock* zeigt die widersprüchliche Rolle der Denkfigur der rechtserhaltenden Gewalt auf. So könne „auch die Ausübung von Gewalt, die dem Recht zugeordnet ist, Unrecht verbreiten, und zwar im Namen des Rechts". Im Kontext der Friedensdimensionen heißt dies, dass der Schutz vor Gewalt nicht selbstverständlich mit den anderen Friedensdimensionen einhergehen müsse, sondern diesen auch entgegenstehen könne. Aber auch wenn die Denkfigur der rechtserhaltenden Gewalt – so das Ergebnis des Autors – weniger zur Zivilisierung von Konflikten beitrage als erwartet, schaffe sie „einen neuen Bezugsrahmen für deren Kritik".

In einer abschließenden Synthese nimmt *Torsten Meireis* noch einmal die zentralen Argumentationslinien und Begründungsmuster der vorliegenden Texte auf. Dabei sind es – bei ausweislich hoher Akzeptanz der Idee des gerechten Friedens – drei Aspekte, die Rückfragen an die rechtserhaltende beziehungsweise rechtswahrende Gewalt nach sich ziehen und kritische Auseinandersetzungen notwendig machen: erstens im Hinblick auf die Ermöglichung und Umsetzung völkerrechtlicher Regelungen, zweitens bezüglich des Rückgriffs auf die Entscheidungskriterien des gerechten Krieges bei gleichzeitiger Ablehnung seiner Perspektivität sowie drittens hinsichtlich der grundsätzlichen Idee einer Implementierung des gerechten Friedens durch Recht.

Literatur

Brücher, Gertrud. 2017. Rechtspazifismus. In *Handbuch Friedensethik*, hrsg. von Ines-Jacqueline Werkner und Klaus Ebeling, 433-449. Wiesbaden: Springer VS.

Evangelische Kirche in Deutschland (EKD). 2007. *Aus Gottes Frieden leben – für gerechten Frieden sorgen. Eine Denkschrift des Rates der Evangelischen Kirche in Deutschland*. Gütersloh: Gütersloher Verlagshaus.

Hoppe, Thomas und Ines-Jacqueline Werkner. 2017. Der gerechte Frieden. Positionen in der katholischen und evangelischen Kirche in Deutschland. In *Handbuch Friedensethik*, hrsg. von Ines-Jacqueline Werkner und Klaus Ebeling, 343-359. Wiesbaden: Springer VS.

Huber, Wolfgang. 2012. Legitimes Recht und legitime Rechtsgewalt in theologischer Perspektive. In *Gewalt und Gewalten*, hrsg. von Torsten Meireis, 225-242. Tübingen: Mohr Siebeck.

Körtner, Ulrich. 2003. „Gerechter Friede" – „gerechter Krieg". Christliche Friedensethik vor neuen Herausforderungen. *Zeitschrift für Theologie und Kirche* 100 (4): 348-377.

Meireis, Torsten. 2012a. Einleitung. In *Gewalt und Gewalten*, hrsg. von Torsten Meireis, 1-7. Tübingen: Mohr Siebeck.

Meireis, Torsten. 2012b. Die Realität der Gewalt und die Hoffnung auf Frieden. Perspektiven des christlichen Umgangs mit Gewalt. In *Gewalt und Gewalten*, hrsg. von Torsten Meireis, 177-201. Tübingen: Mohr Siebeck.

Ökumenischer Rat der Kirchen, Zentralausschuss. 2011. *Ein ökumenischer Aufruf zum gerechten Frieden*. Genf: ÖRK.

Schubert, Hartwig von. 2013. *Die Ethik rechtserhaltender Gewalt*. Opladen: Barbara Budrich.

Senghaas, Dieter und Eva Senghaas-Knobloch. 2017. Dimensionen des Friedens. In *Handbuch Friedensethik*, hrsg. von Ines-Jacqueline Werkner und Klaus Ebeling, 33-41. Wiesbaden: Springer VS.

Strub, Jean-Daniel und Stefan Grotefeld (Hrsg.). 2007. *Der gerechte Frieden zwischen Pazifismus und gerechtem Krieg. Paradigmen der Friedensethik im Diskurs*. Stuttgart: Kohlhammer.

Gerechtigkeit für eine Theorie
Zur Funktion der Lehre vom gerechten Krieg im Rahmen des gerechten Friedens

Bernd Oberdorfer

1 Einleitung

Der Ausdruck „gerechter Frieden"[1] hat einen kaum verdeckten polemischen Kern. Er soll nämlich einen grundsätzlichen Wendepunkt protestantischer Friedensethik markieren. Habe der friedensethische Diskurs sich bisher am Leitbild des gerechten Krieges orientiert, so müsse jetzt diese Fixierung überwunden werden zugunsten des Leitbilds „gerechter Frieden", also der Herstellung und Erhaltung nachhaltig friedlicher, durch Gerechtigkeit stabilisierter inner- und zwischenstaatlicher Lebensverhältnisse. Der Legitimierung des Krieges wird die Förderung gewaltfreier Formen des Konfliktaustrags gegenübergestellt. Militärisches Eingreifen wird allenfalls noch als rechterhaltende Gewalt akzeptiert, sofern alle anderen Möglichkeiten der Beendigung bereits ausgebrochener gewaltförmiger Konflikte ausgeschöpft sind beziehungsweise sich

---

[1] Zur Näherbestimmung des Begriffs und zu seinem Verhältnis zu biblischen Friedenskonzepten vgl. Oberdorfer (2018). Die folgenden Überlegungen bauen auf diesem Text auf.

© Springer Fachmedien Wiesbaden GmbH, ein Teil von Springer Nature 2019
I.-J. Werkner und T. Meireis (Hrsg.), *Rechtserhaltende Gewalt – eine ethische Verortung*, Gerechter Frieden, https://doi.org/10.1007/978-3-658-22499-8_2

als nicht wirksam erweisen (vgl. EKD 2007, Ziff. 102). Häufig wird solches Eingreifen nach Analogie von innerstaatlichen Polizeimaßnahmen beschrieben; vorausgesetzt ist dabei eine zwischen- und überstaatliche Rechtsordnung, die einen gleichsam weltrechtsstaatlichen Rahmen für die Beauftragung und Durchführung von Einsätzen rechterhaltender Gewalt bildet.

Grundsätzlich leuchtet die Orientierung am Leitbild des gerechten Friedens durchaus ein. Zu fragen ist aber, ob der damit verbundene polemische Überwindungs- und Überbietungsanspruch gegenüber dem Konzept des gerechten Krieges angemessen ist. Zu denken gibt schon, dass auch da, wo die Lehre vom gerechten Krieg emphatisch abgelehnt wird, die in dieser entwickelten Kriterien für den legitimen Einsatz militärischer Mittel häufig umstandslos angewendet werden. Klärungsbedürftig ist zudem, ob beide Konzepte tatsächlich auf derselben Ebene angesiedelt sind, ob sie also im strikten Sinne *Alternativen* darstellen. Es fällt auf, dass die Lehre vom gerechten Krieg – anders als der gerechte Frieden – nie als Leithorizont für politisch-gesellschaftliches Handeln gedacht war, sondern (nur) der Identifikation legitimer Kriegsgründe und -formen dienen und durch den Ausschluss illegitimer Kriegsgründe und -formen die Anlässe für militärisches Einschreiten einschränken sollte. Die Vermutung, dass beide Begriffe keinen logischen Gegensatz darstellen, wird noch durch die Beobachtung gestützt, dass der Ausdruck „gerecht" offenkundig äquivok gebraucht ist: Beim gerechten Krieg steht er für legitim, gerechtfertigt, ethisch begründet beziehungsweise begründbar, beim gerechten Frieden für gerechte Zustände umfassend.

Natürlich lässt sich kritisch fragen, ob durch die Formel vom gerechten Krieg der gewaltförmige Konfliktaustrag nicht faktisch normalisiert, das heißt zu einem normalen Mittel der Politik gemacht und damit die Hemmschwelle zu seinem Einsatz herabgesetzt statt erhöht wurde. Klar ist aber, dass dies der *Intention* dieser Formel widerspricht. Die plakative Gegenüberstellung von gerechtem Krieg und gerechtem Frieden verzeichnet diese Intention. Es geht mir daher in diesem Beitrag zunächst einmal schlicht um Gerechtigkeit für eine Theorie, das heißt um eine faire und klare Darstellung von Absicht und argumentativer Funktion der Lehre vom gerechten Krieg. Die Forderung, diese durch eine Lehre vom gerechten Frieden zu *ersetzen*, suggeriert zudem einen friedensethischen, ja zivilisatorischen Fortschritt. Dies erscheint mir allzu vollmundig und wird auch dadurch konterkariert, dass man auf die in der Lehre vom gerechten Krieg entwickelten Kriterien offenbar nicht verzichten kann oder will. Ich plädiere deshalb dafür, diese Problemkontinuität auch terminologisch offenzulegen.

Im Folgenden werde ich zunächst die langfristigen friedensethischen Verschiebungen im deutschen Protestantismus nachzeichnen, die zur Verabschiedung der von den Reformatoren noch nachdrücklich vertretenen Legitimation gerechter Kriege geführt haben. In einem zweiten Schritt werde ich zeigen, dass sich die im Kalten Krieg entwickelte Position, es könne angesichts der wechselseitigen atomaren Bedrohung keine gerechten Kriege mehr geben, der Anwendung der Lehre vom gerechten Krieg selbst verdankt. Noch evidenter wurde dies in den Diskussionen um (konventionelle) militärische Einsätze seit den 1990er Jahren. Ich ende daher mit dem Vorschlag, unter Anerkennung des Leitbilds vom gerechten Frieden die Lehre vom gerechten Krieg im Horizont aktueller Fragestellungen neu durchzubuchstabieren.

2 Gerechter Krieg: Aufstieg und Fall einer friedensethischen Kategorie

Auch nach der klassischen Lehre ist der gerechte Krieg auf den Frieden bezogen. Gerecht kann ein Krieg nur dann sein, wenn er der (Wieder-)Herstellung der Ordnung durch eine dafür autorisierte Instanz dient und die eingesetzten Mittel dieses Ziel nicht konterkarieren. Als *ultima ratio* kann er sich als erforderliches Mittel zur Wiederherstellung stabiler Lebensverhältnisse erweisen, die ein notwendiges Moment des Friedens sind.

In diesem Sinne haben auch die Reformatoren die Lehre vom gerechten Krieg bejaht. Artikel 16 der *Confessio Augustana* schließt ausdrücklich *iure bellare* unter die Aufgaben staatlicher Obrigkeit ein, an denen sich der Christenmensch beteiligen dürfe und gegebenenfalls auch müsse (BSELK 2014 [1580], S. 111). Die Obrigkeit hat gemäß der Zwei-Reiche-Lehre die ihr von Gott eingestiftete Aufgabe, die für ein gedeihliches irdisches Leben notwendige äußere Ordnung zu gewährleisten, zu verteidigen und im Fall ihrer Gefährdung unter Umständen auch mit Gewaltmitteln wiederherzustellen. Martin Luther hielt die äußere Ordnung für ein so hohes Gut, dass er für ihre Gewährleistung auch schärfste Zwangsmaßnahmen für gerechtfertigt hielt.

Allerdings war Luther kein Kriegstreiber. In einer Auslegung von Mt 5,9 („Selig sind die Friedfertigen …"; vgl. Luther 1906 [1532], S. 330-334) leitet er etwa aus dem ursprünglichen Wortlaut („Friedensmacher") die Aufgabe eines aktiven Einsatzes für den Frieden ab. Außerdem erinnert er die politisch Verantwortlichen nachdrücklich an ihre Friedenspflicht und fordert sie auf, im Konfliktfall bis zum Äußersten alle nichtkriegerischen Mittel auszureizen. Nur wenn dies scheitert, ist ein (Verteidigungs-!)Krieg erlaubt. Herrscher, die aus nichtigen Gründen („umb eines worts willen") leichtfertig einen Krieg anzetteln, handeln nach Luther nicht als „Christen", sondern sollten besser „des Teuffels kinder heissen". Mit der Bergpredigt schärft Luther also ein zentrales Element der Lehre vom gerechten Krieg ein, die Überzeugung nämlich, dass Krieg kein reguläres Mittel des Konfliktaustrags sein darf, sondern nur als *ultima ratio* in Betracht kommt.

In der Beurteilung von Kriegen brachte das 20. Jahrhundert, genauer: die Erfahrung des Totalitarismus und der keinen begrenzenden Regeln und Normen mehr gehorchenden Weltkriege, einen grundlegenden Wandel. Das gilt zunächst für den (bei Luther noch zu findenden) Gedanken, dass Krieg als Strafe Gottes für die Sünden zu erdulden sei. Dies ist umso erstaunlicher, als im Protestantismus der Gedanke vom Krieg als unvermeidlichem Verhängnis in unterschiedlichen Facetten immer wieder vertreten worden ist. Noch im 20. Jahrhundert konnte das in der – sozusagen halbsäkularisierten – Form der Behauptung geschehen, dass Krieg zu den natürlichen Faktoren menschlicher Gesellschaften gehöre (vgl. Kirchschlager 2007, S. 81). Krieg habe geradezu eine heilsame Funktion für das Gemeinschaftsleben. Denn die existenzielle Herausforderung des Einsatzes des Lebens für die Anderen konzentriere die sittlichen Kräfte der Menschen, die in langen Friedenszeiten in oberflächlicher Zerstreuung und egozentrischer Interessenverfolgung diffundierten, wieder auf das Wesentliche. Derartige Überlegungen sind aus der friedensethischen Diskussion vollständig verschwunden. Die verheerenden Materialschlachten des Ersten Weltkrieges und die verbrecherischen Vernichtungsfeldzüge des Zweiten haben die Behauptung einer versittlichenden Wirkung des Krieges gründlich und wohl auf Dauer diskreditiert.

Obwohl sich die Lehre vom gerechten Krieg im Gegensatz zu solchen Positionen durch diskursive Transparenz und die klar erkennbare Intention der Konfliktlimitierung auszeichnet, ist auch sie in die Kritik geraten. Dies hat mehrere Gründe (vgl. zum Folgenden auch Kirchschlager 2007, S. 81-96). Zunächst ist auch sie, zumindest in ihrer Semantik, getroffen von der Grunderfahrung des 20. Jahrhunderts, dass Kriege, wenn denn je überhaupt, so doch jedenfalls heute nicht mehr als reguläre Mittel des Konfliktaustrags – als „Fortsetzung der Politik mit anderen Mitteln" (Carl von Clausewitz) – verstanden werden können. Die Formel vom gerechten

Krieg konnte in dieser Perspektive als eine „Normalisierung" des Krieges erscheinen, die nach den unermesslichen Schrecken der Weltkriege schlicht nicht mehr akzeptabel war.

Wirkmächtiger war aber ein weiterer Punkt: Die modernen Formen der Kriegsführung machten die Anwendung der Kriterien der Lehre vom gerechten Krieg problematisch: Wie lässt sich beim Einsatz von Atomwaffen noch von einer Verhältnismäßigkeit der Mittel sprechen? Gibt es angesichts ihrer Zerstörungskraft überhaupt noch Ziele, die dieses Mittel rechtfertigen? Und führen die modernen Massenvernichtungswaffen nicht die Unterscheidung von Kombattanten und Zivilisten *ad absurdum*? Gerechte Kriege kann es unter diesen Bedingungen folglich nicht mehr geben.

Kluge Beobachter wie Helmut Gollwitzer (1957) haben freilich schon früh darauf hingewiesen, dass diese Einsicht sich ja der Anwendung der in der Lehre vom gerechten Krieg entwickelten Kriterien selbst verdankt und diese also voraussetzt. Dass es keine gerechten Kriege mehr geben kann, sagt – die Lehre vom gerechten Krieg! Anders gesagt: Man braucht diese Lehre, um sie für obsolet erklären zu können.

Interessanterweise hat sich die friedensethische Diskussion in den 1980er Jahren dann auf die Frage konzentriert, ob die *Androhung* des Einsatzes atomarer Waffen zum Zweck der Abschreckung ethisch legitim sein könne (vgl. EKD 1984 [1981]; Reformierter Bund 1982). Dass dieser Einsatz selbst nicht mehr zu rechtfertigen ist, dass es keine denkbaren Umstände gibt, unter denen er als gerecht gelten kann, war mithin positionsübergreifender Konsens geworden. Die Verteidiger atomarer Rüstung argumentierten mit dem Paradox, dass man mit dem Einsatz dieser Waffen glaubhaft drohen können müsse, um eben diesen Einsatz verhindern zu können.

Nach dem Ende des Kalten Krieges hat sich die Situation grundlegend gewandelt. Obwohl atomares Zerstörungspotenzial immer noch in Besorgnis erregendem Ausmaß vorhanden ist, sind die

konventionellen Kriege wieder verstärkt ins Blickfeld gerückt –
vielleicht muss man genauer sagen: ins europäische Blickfeld,
denn in anderen Weltteilen waren sie nie verschwunden. Nun
wurden auch in Europa wieder Kriege geführt (Jugoslawien) und
europäische Staaten beteiligten sich an Kriegen weltweit (Afghanistan, Irak). Über die ethische Legitimität dieser Kriege (im Blick
auf Jugoslawien genauer: des militärischen Eingreifens in bereits
ausgebrochene Kriege) musste diskutiert werden. Im Protestantismus geschah dies unter vehementer Ablehnung der Lehre vom
gerechten Krieg – und gleichzeitiger Anwendung ihrer Kriterien.

Ein wichtiger, in seiner (auch atmosphärischen) Bedeutung für
die friedensethischen Diskussionen im deutschen Protestantismus
kaum zu überschätzender Faktor muss noch eigens erwähnt werden: die positive Integration der friedenskirchlich-pazifistischen
Tradition. Pazifismus galt den mehr oder weniger staatstragenden
Mainstream-Kirchen bis weit ins 20. Jahrhundert hinein als zutiefst
verwerfliche, im Kern egoistische Verweigerung der Nächstenliebe.
Wer den Dienst an der Waffe ablehne – so das Argument –, sei
nicht bereit, sein Leben zum Schutz der Mitmenschen einzusetzen;
darin zeige sich auch mangelndes Gottvertrauen. Im Hintergrund
stand die schon in CA 16 leitende Unterstellung, die Friedenskirchen entzögen sich in falscher Vorwegnahme des Eschatons
der christlichen Verantwortung für die Erhaltung dieser Welt.
In Deutschland haben die Kirchen daher noch in der Nazizeit
Wehrdienstverweigerer allein gelassen.

Auch dies änderte sich erst nach dem Zweiten Weltkrieg im
Zuge der bereits genannten „Entnormalisierung" des Krieges –
und sicher gefördert durch die staatliche Einführung des Rechts
auf Kriegsdienstverweigerung im westdeutschen Grundgesetz.
Pazifismus fand jetzt kirchliche Anerkennung als Zeichen für
den gewaltüberwindenden Charakter des christlichen Zeugnisses.
Nach und nach geriet dann sogar der Wehrdienst unter Begrün-

dungsdruck. Formeln wie die von der Komplementarität von Wehr- und Zivildienst versuchten, die Legitimität beider Optionen zu sichern, ohne freilich deren Gegensätzlichkeit überbrücken zu können. Verbunden war dies mit der Einsicht, dass dem Pazifismus durchaus auch eine politische Rationalität eignet, er also nicht notwendig einen blauäugigen Ausstieg aus der mitmenschlichen Verantwortung markiert. Dies verstärkte im innerkirchlichen Diskurs die Priorisierung nicht-militärischer, gewaltüberwindender Formen des Konfliktaustrags beziehungsweise die Entwicklung vorausschauender Strukturen der Konfliktverhinderung und Konflikteingrenzung. Interessanterweise amalgamierte dies mit der traditionellen protestantischen Emphase für rechtsförmige Gestaltungen des sozialen Lebens (und den darauf bezogenen individuellen Habitus der Rechtsloyalität); die neueren friedensethischen Stellungnahmen des deutschen Protestantismus (vgl. EKD 2007) setzen einen auffälligen Akzent auf die Entwicklung rechtsförmiger übergreifender Strukturen der Völkergemeinschaft.

3   Gerechter Krieg im Horizont des gerechten Friedens

Wenn die These von der fälligen *Ersetzung* der Lehre vom gerechten Krieg durch die Konzeption des gerechten Friedens diese grundsätzliche Priorisierung nicht-militärischer, gewaltvermeidender Formen des Konfliktmanagements griffig zum Ausdruck bringen soll, dann hat sie darin ihr begrenztes Recht. In diesem Sinne kann das Leitbild vom gerechten Frieden die Friedensethik von einer militär- oder kriegstheoretischen Engführung befreien beziehungsweise davor bewahren. Die Fokussierung auf den Zusammenhang von Frieden und Gerechtigkeit hat zudem einen pragmatischen, politisch-operativen Kern: Die Erzeugung gerechter inner- und zwischenstaatlicher Zustände schafft verlässliche Lebensbedingungen nach innen und außen, minimiert damit die Anlässe zu gewaltsamem Konfliktaustrag und dient also der Kriegsprävention. Die Überschreibung der alten Formel *si vis pacem para bellum* (wenn du den Frieden willst, rüste dich für den Krieg) mit *si vis pacem para pacem* (wenn du den Frieden willst, rüste dich für den Frieden) macht dies plakativ deutlich.

Selbst unter Anerkennung dieses grundlegenden Paradigmenwechsels folgt daraus freilich nicht zwingend die Verabschiedung der Lehre vom gerechten Krieg. Ich halte sie auch nicht für ratsam. Denn zum einen wird die Intention der Lehre vom gerechten Krieg verzeichnet, ja karikiert, wenn sie primär als Instrument der „Normalisierung" von Kriegen erscheint. Das Gegenteil ist der Fall; sie sollte ja den Krieg gerade als (begründungspflichtige) Ausnahme kenntlich machen. Außerdem wird die Forderung, den gerechten Krieg durch den gerechten Frieden zu ersetzen, dem bereits genannten unterschiedlichen Status der beiden Begriffe nicht gerecht. Sie leidet zudem an der Inkonsistenz, dass sie die Kriterien der abgelehnten Lehre verwenden muss, um die Angemessenheit eines militärischen Eingreifens (z. B. einer humanitären militärischen Intervention) beurteilen zu können.

Ich plädiere deshalb dafür, die plakative Gleichordnung der beiden Begriffe aufzugeben. Der gerechte Frieden eignet sich als orientierender Leitbegriff für die friedensethische Diskussion. Aber im Horizont dieses Leitbegriffs kann und muss der Lehre vom gerechten Krieg (die die Funktion eines solchen umfassenden Leitbegriffs nie hatte!) eine – begrenzte, untergeordnete – Rolle eingeräumt werden. Dies dient der Transparenz der Argumentation und macht auch die Problemkontinuität sichtbar. Wir haben friedensethisch in den vergangenen Jahrzehnten das Rad nicht neu erfunden, und die Fragen, denen sich die Lehre vom gerechten Krieg stellte, sind keineswegs obsolet geworden, im Gegenteil. Gewiss, sie stellen sich heute in gewandelter Form und müssen unter präziser Analyse der veränderten politischen, sozialen, kulturellen Konstellationen beantwortet werden. Aber schon die Tatsache, dass dabei verdeckt oder offen regelmäßig auf die Kriterien des gerechten Krieges zurückgegriffen wird, belegt, dass man auf die in der langen Geschichte dieser Theorie akkumulierten Lernerfahrungen offenbar kaum verzichten kann. Warum sollte man dann den eingeführten Terminus aufgeben?

Literatur

Die Bekenntnisschriften der Evangelisch-Lutherischen Kirche (BSELK). 2014 [1580]. Hrsg. von Irene Dingel. Göttingen: Vandenhoeck & Ruprecht.

Evangelische Kirche in Deutschland (EKD). 1984. *Frieden wahren, fördern und erneuern. Eine Denkschrift der Evangelischen Kirche in Deutschland, ergänzt um das „Wort des Rates der Evangelischen Kirche in Deutschland zur Friedensdiskussion im Herbst 1983".* 6. Aufl. Gütersloh: Gütersloher Verlagshaus.

Evangelische Kirche in Deutschland (EKD). 2007. *Aus Gottes Frieden leben – für gerechten Frieden sorgen. Eine Denkschrift des Rates der Evangelischen Kirche in Deutschland.* 2. Aufl. Gütersloh: Gütersloher Verlagshaus.

Gollwitzer, Helmut. 1957. *Die Christen und die Atomwaffen.* 5. Aufl. München: Chr. Kaiser Verlag.

Kirchschlager, Bernd. 2007. *Kirche und Friedenspolitik nach dem 11. September 2001. Protestantische Stellungnahmen und Diskurse im diachronen und ökumenischen Vergleich.* Göttingen: Edition Ruprecht.

Luther, Martin. 1906 [1532]: Das fünffte, Sechste und Siebend Capitel S. Matthei gepredigt und ausgelegt. In *Kritische Gesaamtausgabe.* Bd. 32, 299-544. Weimar: Böhlau.

Oberdorfer, Bernd. 2018. „Gerechter Frieden" – mehr als ein weißer Schimmel? Überlegungen zu einem Leitbegriff der neueren theologischen Friedensethik. In *Frieden und Gerechtigkeit in der Bibel und in kirchlichen Traditionen*, hrsg. von Sarah Jäger und Horst Scheffler, 13-30. Wiesbaden: Springer VS.

Reformierter Bund. 1982. *Das Bekenntnis zu Jesus Christus und die Friedensverantwortung der Kirche. Eine Erklärung des Moderamens des Reformierten Bundes*. Gütersloh: Gütersloher Verlagshaus.

Im Lichte von Römer 13
Drei politisch-ethische Kapitel paulinischer Wirkungsgeschichte: Thetisches von Augustin über Luther zu Kant

Marco Hofheinz

1   Einleitung

> „Jedermann ordne sich den staatlichen Behörden [gr. *exousiais*]
> unter, die Macht über ihn haben. Denn es gibt keine staatliche
> Behörde [gr. *exousia*], die nicht von Gott gegeben wäre; die jetzt
> bestehen, sind von Gott eingesetzt" (Röm 13,1; Zürcher Bibel).

An keiner anderen Stelle der Bibel scheint so grundlegend über
das Verhältnis des Christenmenschen zum Staat gesprochen zu
werden wie in Röm 13,1-7. Das macht eine Zuwendung unumgäng-
lich. Der gesamte Abschnitt dürfte in seiner Bedeutsamkeit für
die politische Ethik – insbesondere die Friedensethik – kaum zu
überschätzen sein, reflektiert sich in ihm wie in seinem gesamten
paränetischen Kontext (Röm 12-13) der frühchristliche Umgang
mit dem Phänomen der Gewalt:

> „Die für alle Gewalterfahrung und Gewaltkritik grundlegende
> Spannung hat schon Paulus in grösster Klarheit dokumentiert.
> Diese Spannung besteht zwischen dem Gebot, dem Bösen nicht
> zu widerstehen und vor allem sich selbst nicht zu rächen einerseits

© Springer Fachmedien Wiesbaden GmbH, ein Teil von Springer Nature 2019
I.-J. Werkner und T. Meireis (Hrsg.), *Rechtserhaltende Gewalt – eine ethische
Verortung*, Gerechter Frieden, https://doi.org/10.1007/978-3-658-22499-8_3

(Röm 12,19-21), dem Gehorsam gegenüber der legitimen Regierung, die das Recht ‚dir zugute' notfalls mit Hilfe des Schwertes verwaltet, andererseits (Röm 13,1-7)" (Lienemann 2004, S. 14).[1]

Der Abschnitt Röm 13,1-7 hat einen breiten Wirkungsbereich (Skopus). Er entfaltete auch in der Friedensethik seine eigene Wirkungsgeschichte:

> „Röm 13,1-7 ist oft bemüht worden, um christlichen Untertanengeist zu fordern und zu fördern, während gleichzeitig die Mahnung Jesu aus Mk 10,42-45 par. übersehen, Gal 3,27-28 als zu schwärmerisch relativiert und das paulinische ‚dem Juden zuerst und dann auch dem Griechen' von Röm 1,16; 11,13ff. allzu oft überhört wurden" (Stuhlmacher 1986, S. 252).

Für die Friedensethik spitzt sich das „Problem Römer 13"[2] insofern zu, als dieser Text oftmals als eine Art Referenzrahmens der *bellum iustum*-Lehre herhalten musste. Er verunmöglichte eine kritische Urteilsbildung im Einzelfall (*waging war*), das heißt eine Anwendung der *bellum iustum*-Kriteriologie im Sinne eines Syllogismus. Genau darum geht es ihr indes: „[T]he just-war tradition consists of a set of criteria to be used to test whether a war (or a particular activity within a war) is justified" (Yoder 1996, S. 147). Römer 13 scheint mit der Gehorsamsforderung eine Gehorsamsverweigerung aus Gewissensgründen (*conscientious objection*) im Falle eines negativen Prüfungsergebnisses (*This war is unjust!*) a priori auszuschließen. Eignet sich Römer 13 damit nicht in best-

---

1 Ähnlich bei Bayer (2007, S. 286) und Härle (2011, S. 449). Duchrow (1983, S. 178) spricht von einem „Zusammenprall von Röm 13 und dem vorhergehenden Text von Kap. 12", der die Bergpredigt zusammenfasst.

2 Gemeint ist mit Römer 13 hier wie im Folgenden immer der Abschnitt Röm 13,1-7.

möglicher Weise als effektiver Kontratext zur lästigen Maxime eines *Be honest in Just War Thinking!* (vgl. Hofheinz 2014, S. 525ff.; Hütter 1999, S. 69ff.)? Dementsprechend galt und gilt Römer 13 wirkungsgeschichtlich als schwere Hypothek.

Im Folgenden soll es nicht um eine erneute Überprüfung von Römer 13 unter verdachtshermeneutischem Vorzeichen gehen, auch nicht um eine ausführliche Auslegung des Gewaltverständnisses dieses Abschnittes. Vielmehr soll an einzelnen Knotenpunkten entlang die Wirkungsgeschichte von Römer 13 thetisch entfaltet werden und zwar perspektivisch im Blick auf das friedensethische Rahmenkonzept, für dessen Ausprägung Römer 13 gleichsam als *dictum probans* herhalten musste. Dabei ist keine umfassende Einordnung der Friedenlehre des betreffenden Denkers in den Gesamtzusammenhang seines Schaffens (inklusive aller Prämissen und Hintergrundüberzeugungen) vorgesehen, der Schwerpunkt liegt auf der jeweiligen politischen Ethik. Mit anderen Worten werden zwar die Grundlagen der Lehre vom gerechten Krieg[3] in den Blick genommen, jedoch nicht so sehr die historischen Situierungen beziehungsweise kontextuellen Prägungen im Detail betrachtet. Auch soll nicht die individuelle Entwicklung des jeweiligen Friedensdenkers synchron dargestellt, sondern eher diachron eine Gesamtentwicklungslinie entlang der Knotenpunkte nachgezeichnet werden. Von Interesse sind vor allem die ideengeschichtlichen Zusammenhänge, weniger die zeit- und sozialgeschichtlichen Umstände. Die Arbeitsweise dürfte dabei traditionsgeschichtlichen Zuschnittes sein, wobei die Stoffauswahl natürlich ein veritables Problem darstellt und zu Kautelen nötigt.

---

3 Dass es *die* Lehre vom gerechten Krieg *nicht* gibt, setze ich dabei voraus. Es wäre konzeptionell naiv, davon auszugehen. Vielmehr ist die Tradition bzw. sind die Traditionen vom gerechten Krieg Transformationen unterworfen, die sowohl die Kriterien selbst als auch das Rahmenkonzept betreffen.

Vieles, was näher expliziert werden müsste, kann hier nur thetisch zugespitzt präsentiert werden. Die Weite des Untersuchungshorizontes muss limitiert bleiben. Gewiss liegt mit der Linienziehung Paulus – Augustin – Martin Luther – Immanuel Kant manche Einseitigkeit vor. So müsste für das Christentum etwa die östliche Tradition über Origenes, Evagrius, Pseudo-Dionysius bis hin zu Maximus Confessor ebenso verfolgt werden wie die weltliche Tradition der naturrechtlichen Kriegslehre bis hin zur spanischen Spätscholastik (der dominikanischen „Schule von Salamanca", namentlich bei Francisco de Vitoria, Francisco de Suarez und Balthasar Ayala), von Hugo Grotius und der geistesgeschichtlichen Entwicklung bis Kant und über ihn hinaus ganz zu schweigen. In den großen Auslassungen liegt sicherlich das Unbefriedigende der folgenden Thesen. Und dennoch repräsentieren die dargebotenen Knotenpunkte in gewisser Weise die Knotenpunkte der Umformung der Lehre vom gerechten Krieg und der Rahmenkonzeptionen vom frühmittelalterlichen Naturrecht und dem beginnenden *Corpus Christianum* (Augustin) über die Gewissensberatung und Zwei-Reiche- beziehungsweise Zwei-Regimenten-Lehre (Luther) bis hin zum klassischen Völkerrecht, dem *ius inter gentes* (Kant) (vgl. Hofheinz 2012, S. 209).

2   Paulus

Eine Zuwendung zur Textualität und Kontextualität des Satzgefüges in Römer 13 hat nicht zuletzt auf dem Hintergrund der außerordentlichen wirkungsgeschichtlichen Belastung des Textabschnittes im Sinne einer absoluten christlichen Staatstreue, einer religiös verbrämten Staatsdignität und -metaphysik sowie eines servilen

Gehorsams („Untertanenspiegel")[4] unter bestimmten exegetischen beziehungsweise hermeneutischen Voraussetzungen zu erfolgen, die besagen:

a. Bei Römer 13 handelt es sich um einen authentischen Paulus-Text und keineswegs um eine Interpolation fremder Herkunft (zur Begründung vgl. Haacker 2012, S. 316).

b. Römer 13 will nicht separiert, aber auch nicht nur im Kontext der Herrschaftsideologien seiner Zeit gelesen werden, sondern im Zusammenhang von Röm 12-13, ja dem gesamten Römerbrief und letztlich im Kontext des *Corpus Paulinum* (das heißt weiterer paulinischer Aussagen über politische Herrschaft).

c. Römer 13 sollte nicht im Sinne einer letzten, erschöpfenden und grundsätzlichen Stellungnahme des Paulus im Sinne eines zeitlosen Traktats verabsolutiert werden: „Röm 13,1-7 sagt gewiß nicht alles, was Paulus über das römische Reich [Imperium Romanum] denkt. Der Kaiserkult z. B. mußte ihm ein Greuel sein, der in der Kritik des Götzendienstes in Röm 1 mit gemeint war. Aber Paulus kann von diesem religiösen Überbau des Systems absehen und es als innerweltlich funktionierendes Staatswesen

---

4   Zur Wirkungsgeschichte vgl. Scharffenorth (1964), Affeldt (1969) sowie den aufschlussreichen Exkurs bei Wilckens (1982, S. 43ff.). Einen Überblick zur exegetischen Forschungsgeschichte gewährt Krauter (2009, S. 4ff.), der neuere Auslegungspositionen typisiert. Pohle (1984, S. 23ff.) unterscheidet zwischen vier wirkungsgeschichtlich einflussreichen Hauptinterpretationen: einem naturrechtlich-ordnungstheologischen, einem konkret-charismatischen, einem eschatologisch-realistischen und einem christokratisch-politischen Typ. Unter Verweis auf Bormann (2010, S. 28ff.) weist Standhartinger (2011, S. 35) darauf hin, dass Röm 13,1 „in der Auslegungsgeschichte immer dann Probleme [bereitete], wenn der Staat als Feind der Kirche erlebt wurde". Zur Interpretation von Römer 13 im totalitären Staat vgl. Leonhardt (2013, S. 667ff.).

anerkennen und die römischen Christen zu derselben Haltung aufrufen" (Haacker 2012, S. 322).

Gemeint ist mit *exousia* in Röm 13,1 „eine Fülle von Funktionen, Ämtern und Amtsträgern mit ganz unterschiedlichen Kompetenzen. Nicht das Wesen, sondern die nüchtern-pragmatischen Aufgaben der hellenistischen Verwaltungseinrichtungen und Regierungsstellen sind gemeint: ihnen schulden auch Christen Gehorsam" (Lienemann 1982, S. 69; vgl. Broer 1992, S. 28).

Liest man Röm 12-13 im Zusammenhang, so fällt zunächst die unbekümmerte Positivität auf, mit der Paulus über die *exousia* als Anordnung Gottes spricht:

> „Ohne sich auf Legitimität, Verfassung und Grenzen der bestehenden Gewalten einzulassen, bezeichnet Paulus die faktisch bestehenden – also nicht die einem bestimmten Ideal entsprechenden – Gewalten recht unbekümmert und lapidar grundsätzlich als ‚von Gott kommend (V. 1), als von ihm als dem Schöpfer an ihren Platz gestellt und ermächtigt" (Schrage 1989, S. 246; so auch Wengst 2008, S. 396f.).

Wenn das aber gilt, so ist Römer 13 zutreffend als „die vermeintliche Achillesferse der antiimperialen Paulusexegese" (Strecker 2011, S. 128) bezeichnet worden. Dass Paulus in Römer 13 in ironischer Überspitzung positive Aussagen über die staatliche Gewalt tätigt und in codierter Form ein imperiumskritisches „hidden transcript" (Scott 1990) besitzt (so Schreiber 2005, S. 131ff.), ist keineswegs ausgeschlossen. Exegetisch wird es sich freilich schwerlich demonstrieren lassen können (vgl. Strecker 2011, S. 130f.); es findet sich schlicht „keine zweite Bedeutungsebene in dem Text selbst" (Standhartinger 2011, S. 37).

Aus der Tatsache, dass nach Röm 13,1 die *exousia* nicht aus sich selbst (autoreferentiell) Unterordnung ableitet, sondern funktional aus Gottes Anordnung,[5] ihn somit als den eigentlichen Souverän postuliert, eröffnet sich zwar die Möglichkeit einer widerständigen Herrschaftskritik beziehungsweise ein subversives Potenzial, von der/m Paulus freilich keinen Gebrauch macht: Sie/es „wird […] in diesem Abschnitt von Paulus nicht im mindesten angedeutet" (Wengst 2008, S. 397).

Im Zusammenhang von Röm 12-13 zeigt sich freilich, dass „Paulus die Leibmetaphorik, die in der sonstigen Antike meist auf das politische Gemeinwesen bezogen wurde, auf die religiöse Gemeinde" (Theißen und von Gemünden 2016, S. 83) überträgt:

> „In ihr sieht er verwirklicht, wovon die Menschen in den griechischen und römischen Städten träumten: eine organische Gemeinschaft der Solidarität. Umgekehrt überträgt er auf den Staat Aussagen, die im Judentum für die religiöse Gemeinschaft der Essener bezeugt sind: ‚Nicht ohne Gott kommt jemandem die Herrschaft zu' (Jos. Bell. 2,1, 140)" (Theißen und von Gemünden 2016, S. 83).

François Vouga (2011, S. 162) hat im Blick auf den Abschnitt 1 Kor 12,1-31, in dem ebenfalls (wie in Röm 12-13) die Leibmetaphorik zentral ist, von der „paulinische[n] Gründung der demokratischen Republik" gesprochen. So anachronistisch dies erscheinen mag, so wird in der gemeinschaftsbezogenen Leibmetaphorik in der Tat etwas von der „Politik des Leibes Christi" (Yoder 2011), einer *Polis sui generis*, sichtbar (vgl. Yoder 2011, S. 21 ff.). Paulus unterstreicht in Röm 12-13 gerade „die demokratische[n] Forderungen nach angemessener Anerkennung für Leistungen im Dienst für die

---

5 Diesen funktionalen Aspekt hebt besonders Käsemann (1970, S. 209) hervor, wenn er betont, dass Paulus „nicht vom himmlischen und irdischen ordo, sondern von der göttlichen ordinatio, also von der Anordnung, dem verordnenden Willen Gottes" spricht (vgl. auch Schrage 1989, S. 246 f.; Mayordomo 2005, S. 169).

Gemeinschaft" (Standhartinger 2011, S. 38). Sie sind Bestandteil der „body politics".

Als Interpretament von Römer 13 diente reformatorisch die Zwei-Reiche-Lehre, wobei sich diese politisch-ethische Grundentscheidung exegetisch keineswegs einfach als Fehlgriff verunglimpfen lässt: „Die reformatorische ‚Zwei-Reiche-Lehre' mit ihrer Spannung zwischen den ‚Regimenten', die sich durch Zwang und Liebe unterscheiden, hat bei Paulus […] einen Anhalt" (Theißen und von Gemünden 2016, S. 83). Auch bei Paulus wird nämlich eine Distinktion erkennbar: „Though the governing authority bears the sword to execute God's wrath (13:4), that is not the role of believers" (Hays 1996, S. 331). Freilich bleibt es nicht bei einem unverbundenen Nebeneinander (vgl. Schrage 1989, S. 222). Es geht auch in Röm 3 um „Grenzbestimmungen zur Welt" (Bormann 2014, S. 334).

Die Rechtsordnung des Staates und die Liebesordnung der Gemeinde stehen – wie die kunstvolle, ringkompositorische Verschränkung von Gemeinde- und Staatsparänese in Röm 12,1-13,14 zeigt – „sowohl in Spannung als auch Analogie zueinander" (Theißen und von Gemünden 2016, S. 83). Gerd Theißen und Petra von Gemünden (2016, S. 83) haben dies am Aufbau von Röm 12-13 demonstriert:

12,1-2	*Die neue eschatologische Situation:* Die Veränderung des Denkens und die Distanzierung von „dieser Welt"
12,3-21	*Gemeindeparänese:* a) Die Gemeinde als Leib in Christus: die Charismen 12,3-8 b) Die Mahnung zur Liebe 12,9-21
13,1-7	*Staatsparänese:* a) An „alle" adressiert ist die Mahnung, die Autorität des Staates zur Durchsetzung des Guten anzuerkennen 13,1-5. b) An Christen adressiert ist die Mahnung zum Steuerzahlen 13,6-7

13,8-10	*Gemeindeparänese:*
	Mahnung zur gegenseitigen Liebe
13,11-	*Die neue eschatologische Situation:*
14	*Die Nähe der neuen Welt*

Die Spannung zwischen Gemeinde- und Staatsparänese ist insofern eschatologisch grundiert, als dass Paulus das Recht von beiden sah – sowohl des urchristlichen Enthusiasmus, der aus einer Naherwartung (Nähe der neuen Welt) resultiert, die das Weltgericht Gottes unmittelbar vor der Tür stehen sieht, als auch einer aus dem Diasporajudentum stammenden mehr oder weniger dauerhaft-kontinuierlichen Erfahrung einer Diasporasituation beziehungsweise eines Minderheitenstatus (vgl. Schellong 1982, S. 9f.).

Die Eschatologie des kommenden Reiches Gottes relativiert den Positivismus, der Römer 13 anhaftet. Insbesondere Röm 13,11-14 lässt den eschatologischen Vorbehalt erkennen: „Auch der Staat ist ein Provisorium, das der vergehenden Welt angehört, nichts Letztes und Absolutes, sondern etwas Vorletztes und Vorläufiges" (Schrage 1989, S. 246).

Die Gemeindeparänese Röm 12-13 lässt einen engen traditionsgeschichtlichen Zusammenhang von Paulus und Jesus erkennen: „Ganz offensichtlich nämlich nimmt Röm 12,14 die Feindesliebe von Mt 5,44 auf, und Röm 13,6f. korrespondiert Mk 12,13ff. parr." (Lienemann 1982, S. 71). Bereits Augustin hat die Bergpredigt in Röm 12,19-21 zusammengefasst gesehen. Er bringt damit zur Sprache, dass beide Traditionskomplexe auch eine sachliche Einheit bilden. Die Spannung zwischen Bergpredigt und Römer 13 bildet ein Grundthema der Zwei-Reiche-Lehre (so Duchrow 1983, S. 178), wobei sich diese Spannung – wie gesagt– ebenso an der Spannung zwischen Gemeinde- und Staatsparänese in Röm 12-13 demonstrieren lässt.

Im Lichte dieser Zuordnung lässt sich mit Paulus festhalten,

„dass die Christen zwar den öffentlichen Gewalten aus Einsicht
und Glauben Gehorsam schulden, aber doch so, dass sie in ihrer
eigenen Gestalt als Gemeinde und in ihrem Wirken die Prävalenz
der Verkündigung Jesu, damit der Feindesliebe und des Gewaltverzichts, zur Geltung bringen. Einerseits gilt so das Gebot für alle
Christen, Verantwortung für die politische Ordnung sachgemäß
mitzutragen, andererseits aber darüber hinaus eine besondere Verpflichtung, die sie dem Staat schulden, dass nämlich die christliche
Gemeinde ihr eigenes Leben im Geiste der Nächstenliebe so ordnet,
dass sie auch für den Staat in mittelbarer Weise vorbildlich wird"
(Lienemann 1982, S. 71).

Liest man zudem Römer 13 im Lichte anderer paulinischer Texte
wie etwa 1Thess 5,1-10, wo schlagwortartig mit dem Begriffspaar
pax et securitas (*eirēnē kai asphaleia*) rhetorische Zentralbegriffe
der politischen Metakonzeption namens *pax Romana* (vgl. Wengst
1986) aufgerufen werden, und *vice versa*, verfolgt man also eine
komplementäre Lesestrategie, so lässt sich etwa geltend machen:

„In den Bildern von 1Thess 5 – Tag und Nacht, Licht und Finsternis
– stehen diejenigen, die die Parole der Pax Romana ‚Friede und
Sicherheit' vertreten, auf der Seite von Nacht und Finsternis, damit
auch die staatliche Macht, die für diese Parole einsteht. Behält
man Röm 13 bei der Lektüre von 1Thess 5 im Ohr, ist man davor
geschützt, diese Stelle dualistisch zu verstehen, als gäbe es eine
Wirklichkeit, mit der Gott nichts zu tun hätte, auf die er keinen
Anspruch erhöbe, die sich außerhalb seines Wirkens und Einflusses
befände. Hört man auf der anderen Seite 1Thess 5 beim Lesen von
Röm 13 mit, kann man diesen Text nicht positivistisch verstehen,
als wäre alle Macht, die sich faktisch durchgesetzt hat, damit auch,
so wie sie ist, von Gott legitimiert, als stünde sie nicht unter dem
Gericht Gottes und als ginge die von ihr geprägte Geschichte nicht
mehr ihrem radikalen Abbruch entgegen. Sieht man beides zusammen, wird deutlich, dass die von Paulus gegenüber der staatlichen
Gewalt geforderte Loyalität die Loyalität der ‚Weltfremden' und
‚Himmelsbürger' ist, nicht die Loyalität der Angepassten, sondern

der Unangepassten (vgl. Röm 12,2)" (Wengst 2008, S. 399f.; vgl. auch Wengst 1986, S. 105f.).

3 Augustin

Es gibt vor dem 4. Jahrhundert wohl keinen Beleg dafür, „dass Röm 13,1-7 für die Begründung eines Kriegsdienstes oder die Wahrnehmung politischer Ämter durch Christen in Anspruch genommen worden wäre" (Lienemann 2005, S. 410; vgl. Wilckens 1982, S. 45). Es zeigt sich freilich auch vorher eine Rezeption von Römer 13, für die gilt:

> „Die frühe Kirche hatte Röm 13,4 zunächst so verstanden, dass die Gewalt ausübende Macht des Staates eingesetzt sei, um die Sünder, diejenigen, welche Böses tun, zu zügeln; diesen Sündern solle man auch die Führung und Ausübung der Staatsmacht überlassen. Origenes verglich den Staat daher noch mit einer Schar zusammengeketteter Verbrecher, die aber nützliche Arbeit für die gesamte Gesellschaft leisten. […] Nichts könne einem Christen daher ferner liegen als das öffentliche Leben mit seinen gewaltsamen Formen der Aufrechterhaltung der Ordnung, sagte Tertullian" (George 2004, S. 144; Belege ebd.).

Mit Augustin[6] scheint sich dies zu ändern. Er beruft sich explizit auf Röm 13,1 zur Legitimation des Kriegsdienstes von Christen und sieht diese als Soldaten einer allgemeinen Gehorsamspflicht unterworfen, die nur am Widerspruch zum Gebot Gottes ihre Grenze finde. In einem gerechten Krieg darf und soll der Christ

---

6 Einen Forschungsüberblick zu Augustins Friedensethik liefert Weissenberg (2005). Davor hatte Budzik (1988) eine wegweisende Untersuchung zur Friedenstheologie Augustins vorgelegt. Zur Rezeption von Römer 13 bei Augustin vgl. Duchrow (1983, S. 226f., 240ff., 276).

nach Augustin um der Aufrechterhaltung des *ordo civicae pacis*
willen kämpfen: „Es gibt keine staatliche Gewalt, die nicht von
Gott stammt [Röm 13,1]; jede ist von Gott eingesetzt" (Augustin
1891 [ca. 400-402], S. 75; vgl. auch Brachtendorf 2009, S. 244). Im
Lichte einer solchen Ingebrauchnahme von Römer 13 stellt sich
angesichts der höchst problematischen Wirkungsgeschichte eines
sich auf Paulus berufenden servilen Untertanengeistes zugespitzt
die Frage, ob es sich bei demselben nicht um eine weitere Facette
der „Last des augustinischen Erbes" (Ritschl 1966, S. 477) handelt,
Augustin mithin also auch in der politischen Ethik die Büchse
der Pandora geöffnet habe. Dies dürfte ein kritisches Licht auf
die im angelsächsischen Raum beobachtbare neoaugustinische
Renaissance (Nigel Biggar, Oliver O'Donovan, James T. Johnson
etc.) fallen lassen.

Bei genauerer Betrachtung zeigt sich freilich dreierlei: Erstens,
dass seit der sogenannten „Konstantinischen Wende" eine solche
Ingebrauchnahme allgemein (mithin also nicht singulär bei Augustin) zu beobachten ist. Sicherlich war Augustin ein „konstanti-
nischer Theologe" (so Cancik 1983, S. 136ff.), aber gewiss nicht nur
er! Zweitens, dass Augustin in seiner „Lehre" vom gerechten Krieg
gewiss nicht nur auf Römer 13 zurückgriff, sondern in denkbar
großer und eindrucksvoller Breite jüdische, römische und christliche Traditionslinien zusammenführte. Dabei handelt es sich
namentlich um die Traditionen des Heiligen Krieges im vorstaat-
lichen Israel (vor 1000 v. Chr.), die Traditionen von Gewaltverzicht
und Feindesliebe im Neuen Testament und des römischen (vor
allem stoischen) Rechtsdenkens (z. B. Cicero) (vgl. Stumpf 2001,
S. 12ff.; Brachtendorf 2009, S. 237ff.). Drittens, dass – wie Duchrow
(1983, S. 229ff.) gezeigt hat – vor allem griechische Philosophie und
Apokalyptik (Tychonius), angereichert durch Psalmenexegese, als
Hauptanreger Augustins fungierten.

Diese Lehre ist eingebettet in Augustins Geschichtstheologie, wie er sie in seinem 22 Bücher umfassenden Werk *De civitate Dei* (1955 [413-426]; vgl. einführend zu Anlass und Struktur van Oort 2007, S. 347ff.) mit der Unterscheidung zweier Herrschaftsverbände[7], nämlich der *civitas Dei* und der *civitas terrena seu diaboli*, wirkmächtig begründet und entfaltet. Die Menschheitsgeschichte gleicht danach einem eschatologischen Kampf beider Herrschaftsverbände, die durch die Städte Jerusalem und Babylon repräsentiert werden. In allen menschlichen Gesellschaften (Sozialkörpern), ja selbst in der Kirche, sind diese beiden Verbände noch vermischt („wie Unkraut und Weizen beieinander"; Mt 13,24-30), so dass ein *corpus permixtum* vorliegt. Erst im Jüngsten Gericht werden sie vom eschatologischen Richter voneinander geschieden. Diejenigen, die von Gott zur ewigen Glückseligkeit vorbestimmt sind, dürfen sich der Absonderung von den Verlorenen erfreuen. Die Kirche ist mithin nicht mit der *civitas Dei* identisch.

Der Kampf beider Herrschaftsverbände wird in seiner eschatologischen Antithetik von Augustin zugleich als Liebes-Antagonismus umschrieben: Während im Gottesreich (*civitas Dei*) die Liebe zu Gott herrscht und die (erwählten und vorherbestimmten) Angehörigen dieses Reiches zum Guten führt, ist die *civitas terrena* als Reich der irdisch Gesinnten durch gottferne Selbstsucht gekennzeichnet:

> „Die beiden Menschengruppen unterscheiden sich danach, ob sie ihre Liebe auf Gott richten und darum jetzt aus seiner Gnade und im zukünftigen ewigen Frieden aus seiner Erfüllung leben, oder ob sie ihre Liebe auf sich selbst und Irdisches, also auf Geschaffenes richten und entsprechend aus sich und in der Illusion

---

7 So die Übersetzung Duchrows (1983, S. 243ff.).

leben, in dieser Weltzeit die letzte Vollendung finden zu können"
(Duchrow 1983, S. 268).[8]

Im Lichte vom Römer 13 betrachtet zeigt sich in der Negativkenn-
zeichnung der *civitas terrena* in ihrer immanenten Tendenz zur
civitas diaboli Augustins problematische Stellung zur Welt:

> „Obwohl er Röm 13,1-7 prinzipiell bejaht und auch Gottes Provi-
> denz in den politischen Institutionen und sogar in den personellen
> Vorgängen sieht, bleibt die pax terrena doch pax Babyloniae und
> wird nicht als pax terrena dei charakterisiert. Hier liegt wirklich
> eine an Jesus, aber auch Paulus gemessene Schwäche Augustins"
> (Duchrow 1983, S. 317).

Salopp formuliert, besteht das Problem Augustins nicht in einem
Zuviel an Römer 13, sondern einem Zuwenig: „Augustin […] über-
lagert das biblische Zeugnis zu stark mit einem neuplatonischen
Ansatz" (Frey 1990, S. 85).

Den Sitz im Leben von Augustins Geschichtstheologie bildet die
apokalyptisch wahrgenommene Eroberung Roms, der „herrsch-
süchtigen Stadt" (*imperiosa civitas)* (Augustin 1955 [413-426],
XIX,7) im Jahr 410 durch den Gotenführer Alarich. Rom wurde
als Garant des Bestandes der damaligen Welt geschätzt und erlebte
nun seinen Niedergang, woraus ein allgemeiner Bruch zwischen
christlicher Weltdeutung und Rom-Idee (Reichseschatologie) und
auch weitreichende Folgen für Augustins (Um-)Denken resultierten.

---

8 Augustin (1955 [413-426], XV, 7) umschreibt die Differenz der Interessen zwischen den Bürger von *civitas Dei* und *civitas terrena* wie
   folgt: „Die Guten nämlich gebrauchen die Welt, um Gott zu genießen
   (*frui*), die Bösen wollen umgekehrt Gott gebrauchen (*uti*), um die
   Welt zu genießen." Vgl. zur Differenz von Selbst- und Gottesliebe
   auch Augustin (1955 [413-426], XIV, 28).

Angesichts des erschütternden Ereignisses des Verlustes Roms tröstet Augustins geschichtstheologisches Narrativ, insofern er

a. den Sieg der Gottesbürgerschaft am Ende dieses *saeculum* verheißt und das verborgene Wirken der *civitas Dei* betont;

b. mit dem vermischten Mit- und Ineinander beziehungsweise der Durchdringung der beiden Herrschaftsverbände ein Erklärungsmuster für die Wirrnisse und Uneindeutigkeiten („neue Unübersichtlichkeit" [Jürgen Habermas]) der Gegenwart dieser Weltzeit liefert und davon weder den Staat noch die Kirche als Institution ausnimmt. Auch sie kann die *civitas Dei* letztlich nicht verkörpern.

c. auch Roms Untergang im Sinne eines Niedergangs der *civitas terrena* positive Aspekte „abwürdigen" kann. Die Unterscheidung der beiden Herrschaftsverbände wirft ein kritisches Licht auf Roms militant-imperiale Friedenspolitik (*pax Romana*), sofern die *civitas terrena* als irdischer Herrschaftsverband in dieser Weltzeit ihrem Wesen nach durch Gewalt, Unterdrückung und ein Fehlen an Gerechtigkeit charakterisiert ist. Eine harmonische, auf der Grundlage des Gedankens einer durch Roms Expansion erfolgende Ausbreitung der Herrschaft Christi erfolgende Synthese zwischen der *pax Romana* und der triumphierenden Kirche erweist sich als ausgeschlossen (vgl. Eusebius von Cäsarea (1991 [um 337], III,12).

d. eine vereindeutigende Wesensbestimmung des Staates ermöglicht: „Wenn die Gerechtigkeit fehlt (*remota iustitia*)[9], was sind Staaten dann anderes als große Räuberbanden (*quid sunt regna nisi magna latrocinia*); denn was sind Räuberbanden wenn

---

9   Dieser Ablativ ist, wie Lienemann (2005, S. 423f.) gezeigt hat, konditional („sofern Staaten ohne Gerechtigkeit sind ...") und nicht kausal („weil ohne Gerechtigkeit ...") zu verstehen.

nicht kleine Staaten; als Alexander der Große einen Seeräuber fragte, warum er das Meer unsicher mache, antwortete dieser mit freimütigem Trotz, was ihm denn einfalle, den Erdkreis unsicher zu machen; aber weil ich es mit einem kleinen Schiff tue, nennt man mich Räuber; weil du es mit einer großen Flotte tust, nennt man dich Feldherr" (Augustin 1955 [413-426], IV,4).

Augustin nimmt in seinem geschichtstheologischen Wurf eine doppelte Abgrenzung vor, die diesen gleichsam überzeitlich und darum krisenfest macht: Angesichts dieser zerfallenen beziehungsweise zerfallenden Ordnung richtet er sich sowohl gegen eine Reichstheologie beziehungsweise -ideologie, die das Wohl der Welt mit dem dauerhaften Bestand eines „ewigen Roms" (*Roma aeterna*) verknüpft, als auch gegen die Permanenz eines perpetuierten Verkündens des nun gekommenen Weltendes, welches – angesichts des Nichteintretens desselben – die Glaubwürdigkeit des Christentums untergrub. Es verwundert insofern nicht, dass in Zeiten politischer und kultureller Transformationen immer wieder auf diese Schrift Augustins zurückgegriffen wird.

In diesen geschichtstheologischen Entwurf ist Augustins Verständnis vom Frieden als *tranquillitas ordinis* (Ruhe der Ordnung) beziehungeweise *ordinata concordia* (geordnete Eintracht) eingezeichnet (vgl. Augustin 1955 [413-426], XIV,1; XIX,13.19).[10] Im Rahmen dieses geschichtstheologischen Entwurfs avanciert der Friede im Sinne dieser anzustrebenden Ordnung zu einem ethischen Leitbegriff. Er bildet nicht nur das ewige Leben ab, sondern

---

10 Die *pax*-Tafel Augustins (1955 [413-426], XIX,13; vgl. auch Lienemann 2005, S. 419ff.; van Geest 2007, S. 538f.), die nach dem aristotelisch-stoischen Schema der Gesellschaftsstufen aufgebaut ist, umfasst alle humanen Daseinsdimensionen und expliziert die Tiefe und Vielschichtigkeit des Friedens.

ist bereits für die irdischen Verhältnisse das *telos*.[11] Zwar bleiben die Bürger der *civitas Dei* in ihrer Ausrichtung auf das Gottesreich Fremdlinge auf Erden (vgl. Heb 13,14), dennoch sind sie in dieser Weltzeit auf Zusammenarbeit mit den Ungläubigen zur Erhaltung der *pax terrena* angewiesen. Diesen Frieden gilt es nach Augustin freilich nicht zu genießen (*frui*), sondern nur zu gebrauchen (*uti*), da er nicht endgültig-ewig, sondern irdisch-vergänglich sei. Die Aufgabe der Christen besteht dementsprechend darin, das *bonum* der *pax in rebus terrenis* zu fördern und zu schützen (vgl. Augustin 1955 [413-426], XIX,12-17), notfalls auch mittels Krieg: „Der Krieg wird geführt, damit der Friede errungen wird (*bellum geritur, ut pax adquiratur*); sei deshalb auch, wenn du Krieg führst, ein Friedensstifter (*esto ergo etiam bellando pacificus*)" (Augustinus 1911, ep. 189,6; dazu Weissenberg 2005, S. 165). Auf diese Aufgabe bezieht sich die Lehre vom gerechten Krieg bei Augustin.

Der erreichbare irdische Frieden, wie er das Ziel seiner Lehre vom gerechten Krieg darstellt, hat nur eine unvollkommene Gestalt und ist nicht mit dem eschatologischen Heilsgut zu verwechseln. Gleichwohl werden – wie gezeigt wurde – politischer Frieden und eschatologisches Heilsgut durch die Unterscheidung der beiden menschheitlichen Herrschaftsverbände in ein konstruktives Verhältnis gesetzt:

„Das eschatologische ‚noch nicht' und das gnadentheologische ‚nicht aus uns selbst' der Erfüllung und Vollendung im ewigen Frieden (*pax aeterna, pax caelestis*) begründet die kritische Funktion des Glaubens im Verhältnis zur Kirche und zur politischen Wirklichkeit, zur dämonischen Gefährdung der staatlichen Macht" (Mettner 1991, S. 106).

---

11 Lienemann (2005, S. 419) spricht von einer „geheime[n] Teleologie der Natur"; ähnlich Stobbe (1987, S. 454f.) und Brachtendorf (2009, S. 235). Van Geest (2007, S. 539) identifiziert das Streben nach Eintracht und Ordnung als „ein[] Metaprinzip der Ethik Augustins".

Nichtsdestotrotz zeigen sich bei Augustin, namentlich im Donatistenstreit in Gestalt des *compelle intrare* (vgl. Brachtendorf 2009,
S. 245ff.; Maier 2008, S. 55ff.; Stobbe 2010, S. 206ff.), unübersehbare
religionspolitische Problemstellungen. Hier kehrt eine reichstheologische Synthese in anderer Gestalt wieder und zwar präzise unter
Berufung auf Röm 13,1-3, wonach die Obrigkeit die wahre Religion
zu verteidigen und entsprechend zu bestrafen habe (Augustin 1898,
ep. 93,20; vgl. auch Lienemann 1982, S. 97; Wilckens 1982, S. 47
Anm. 204). Ein gewaltbejahtes Vorgehen gegen Andersgläubige
wird hier legitimiert und damit die Anbahnung eines künftigen
Ketzerrechts:

> „[I]ndem Augustin die Ausrottung der heidnischen Kulte durch
> christliche Herrscher rechtfertigt[e], um die ‚Einheit‘ der Kirche zu
> erzwingen, indem er die Durchsetzung der christlichen Wahrheit
> gegen die Donatisten und Häretiker mit der militärischen Macht
> des römischen Kaisers fordert[e] […], stellt[e] er jene ‚reichstheolo
> gische‘ Verbindung zwischen universalen kirchlichen Herrschafts
> ansprüchen und staatlich-militärischer Gewalt her, die in anderen
> historischen Zusammenhängen für die psychische und physische
> Vernichtung Andersgläubiger in Anspruch genommen wurde (vgl.
> die institutionalisierte Inquisition gegen Ketzer, die Kreuzzüge
> und Reconquista, die antikommunistische ‚Kreuzzugsideologie‘)“
> (Mettner 1991, S. 107; vgl. Lienemann 2005, S. 425).

Treffend hat Wolfgang Lienemann (1991, S. 265) einen „spannungsreiche[n] Gegensatz in Augustin“ diagnostiziert:

> „Er teilt einerseits die Abscheu vor jeder Art gewaltsamer, krie
> gerischer Auseinandersetzung; deshalb schränkt er die sittliche
> Vertretbarkeit des Waffengebrauchs rigoros ein. Andererseits führt
> er ein Kriterium der Urteilsbildung ein – die religionspolitische
> Bestimmung der Gerechtigkeit –, welches so beschaffen ist, daß
> die eine der potentiellen Kriegsparteien zugleich als Richter über
> die rechtmäßigen Kriegsgründe eingesetzt wird. In diesem Sinne

hat Augustin einen ‚diskriminierenden' Kriegsbegriff, der von vornherein Recht und Unrecht asymmetrisch verteilt" (Lienemann 1991, S. 265; vgl. auch Huber und Reuter 1990, S. 51).

Mit diesem diskriminierenden Kriegsbegriff, der die Aufmerksamkeit auf sittlich vertretbare Kriegsgründe lenkt, prägt Augustin erkennbar die naturrechtliche Tradition des Mittelalters, die dann bei Martin Luther und in der Folgezeit bis hin zu einem Funktionswandel der Lehre vom gerechten Krieg zurücktritt.

4   Martin Luther

Martin Luther, der ehemalige Augustinermönch, steht auch in der politischen Ethik durchaus in der Tradition Augustins. Sein ideengeschichtlicher Beitrag zu den beiden *civitates* wurde nicht zufällig auf den Begriff „Augustins Zweireichelehre" (Rohls 1999, S. 157) gebracht, arbeitet Luther doch erkennbar mit Augustins Vorstellungsmaterial. Ohne Augustin sind die „Ursprünge" einer Ethik des Politischen in der Reformationszeit ohnehin nicht zu verstehen (so von Scheliha 2013, S. 12).

Luthers Zwei-Reiche- und -Regimenten-Lehre ist (ungleich stärker noch als seine Ständelehre; dazu Stümke 2007) als theologischer Bezugsrahmen seiner Friedensethik auf das engste mit der Rezeption von Römer 13 als seinem durchgängig zentralen Bibeltext verknüpft (vgl. Windhorst 2010, S. 60; Zschoch 2015, S. 71). In Römer 13 sieht Luther (1900 [1523], S. 247,21.23) „das weltliche Recht und Schwert gut begründe[t]", wie er bereits eingangs seiner „Obrigkeitsschrift" (1900 [1523], S. 245-281) konstatiert. Von Römer 13 ausgehend entwickelt Luther in seiner „Obrigkeitsschrift" Grundlinien seiner politischen Ethik und auf diese aufbauend friedensethische Konkretionen in seiner sogenannten „Kriegsleuteschrift" (1897 [1526], S. 623-662). Er entnimmt Römer 13 die

Aufgabenbestimmung der Obrigkeit als *ordinatio Dei*, namentlich die der Rechtswahrung und der Friedensausübung notfalls mit Zwangsgewalt:

> „Darum hat Gott zwei Regimente verordnet: das geistliche, welches Christen und fromme Leute macht durch den heiligen Geist, unter Christus, und das weltliche, das den Unchristen und Bösen wehrt, dass sie äußerlich Frieden halten und still sein müssen, ob sie wollen oder nicht. So deutet Paulus das weltliche Schwert Röm 13,3" (Luther 1900 [1523], S. 251,15-19; modernisiert).

Im Blick auf dieses funktionale Obrigkeitsverständnis ist freilich zu bedenken, dass die Christenmenschen selbst weder des Rechts noch des Schwertes nach Luther bedürfen, da sie durch den Heiligen Geist regiert werden. Um des Nächsten willen jedoch seien beide unverzichtbar:

> „[W]eil ein rechter Christ auf Erden nicht sich selbst, sondern seinem Nächsten lebt und dient, so tut er der Art seines Geistes entsprechend auch das, dessen er nicht bedarf, sondern das seinem Nächsten von Nutzen und nötig ist" (Luther 1900 [1523], S. 253,23-26; modernisiert).

Im Blick auf Gewaltverzicht und Gewaltgebrauch differenziert Luther:

> „Wenn du auch dessen nicht bedarfst, dass man deinen Feind strafe, so bedarf dessen aber dein kranker Nächster. Dem sollst du helfen, dass er Frieden habe und seinem Feind gesteuert werde. Das kann aber nicht geschehen, ohne dass die Gewalt und Obrigkeit in Ehren und Furcht erhalten wird" (Luther 1900 [1523], S. 254,16-20; modernisiert).

Hier wird die Differenz zwischen dem, was der Christ für sich selbst, und dem, was er für andere tut, hinsichtlich des Gebrauchs des Schwerts in seiner prohibitiven und koerzitiven Funktion offenkundig.

> „An die Stelle einer gruppenspezifischen tritt eine personale Unterscheidung: *Für sich selbst* soll der Christ Gewaltverzicht üben und Unrecht nicht vergelten: *für andere* jedoch, zum Schutz des Nächsten, ist die zwangsbewehrte Rechtswahrung durch das Amt der Obrigkeit gemäß Röm 13" unverzichtbar (Reuter 2016, S. 521; vgl. auch Reuter 2000, S. 68; Stümke 2007, S. 123, 241).

Unter Berufung auf Römer 13 stellt Luther fest, dass – entgegen einer mittelalterlichen Zwei-Stufen-Ethik mit der Reservierung der Bergpredigt für eine monastische Sondermoral – auch ein Christ das Schwert zu führen und dies nicht allein den Heiden zu überlassen habe, da es auch hier um einen „Gottesdienst" gehe: „Was ist mit: ‚Sie ist Gottes Dienerin' [Röm 13,4] anders gesagt als: Die Gewalt ist von Natur derart, dass man Gott damit dienen kann?" (Luther 1900 [1523], S. 257,31f.; modernisiert; vgl. auch Lienemann 2003, 359ff.). Eine Waffen-Abstinenz für Christenmenschen zugunsten der Radikalforderungen der Bergpredigt schließt Luther von Römer 13 her im Blick auf das weltliche Regiment aus.

Unter expliziter Berufung auf Römer 13 kann Luther freilich auch im Sinne der Unterscheidung beider Reiche beziehungsweise Regimente eine Gehorsamsbegrenzung und Gewaltbeschränkung fordern und sich gegen Übergriffe von weltlichen Tyrannen auf die Seelen der Menschen und den geistlichen Bereich wenden:

> „Siehe da, weltlicher Gehorsam und Gewalt erstrecken sich nur über äußere Steuer, Zoll, Ehre, Furcht. Ferner, wenn er [Paulus] sagt: ‚Die Gewalt ist nicht für die guten, sondern für die bösen Werke zu fürchten' (Röm 13,3), beschränkt er abermals die Gewalt, dass sie nicht den Glauben oder Gottes Wort, sondern böse Werke meistern soll" (Luther 1900 [1523], S. 266,5-8; modernisiert).

Man darf indes nicht vergessen, dass Luther unter expliziter Berufung auf Röm 13,1 im Bauernkrieg in seiner „Ermahnung zum Frieden" konstatiert, die Bauern hätten „verwirckt leyb und seel" (Luther 1908 [1525], S. 357,25), da sie den dort von Paulus gebotenen Gehorsam aufkündigten.

Im Vergleich nun zu Augustin unterscheidet Luther entschiedener und strikter zwischen „geistlich" und „weltlich" beziehungsweise den Bereich des irdischen Lebens und seiner Ordnungen von dem des himmlischen. Das hat erhebliche Konsequenzen auf dem Weg zu einer Säkularisierung der staatlichen Ordnung. So korrespondiert entsprechend der Logik seiner Zwei-Reiche-Lehre das Gebot des amtlichen Gewaltgebrauchs mit dem des privaten Gewaltverzichts und zwar zugunsten des Grundsatzes: „Niemand soll Richter in eigener Sache sein" (vgl. Luther 1897 [1526], S. 636,15; vgl. auch Härle 2017, S. 294ff.; Reuter 2012, S. 18). Auf grundsätzlicher Ebene wird damit der Eindämmung des Fehderechts, der Monopolisierung der Gewalt und der Etablierung einer zentralen Gerichtsbarkeit der Boden bereitet (so zutreffend Reuter 2016, S. 522).

Konkret unterscheidet sich Luther von Augustin und der augustinischen Tradition in drei signifikanten Punkten (vgl. Lienemann 2006, S. 74; Reuter 2000, S. 72f.; Schellong 1982, S. 14f.):

a. Rechtmäßige Kriege dürfen Luther zufolge nur zum Zwecke der Verteidigung, also zur Abwehr eines Angriffs, und nicht mehr als Punitiv- oder Präventivkrieg geführt werden. Somit erhält der verantwortbare Krieg Notwehrcharakter und wird auf einen Verteidigungsfall unter Gewissensvorbehalt beschränkt: „Wer Krieg anfängt, der ist im Unrecht" (Luther 1897 [1526], S. 645,9; modernisiert).

b. Im Zuge der Unterscheidung zwischen geistlichem und weltlichem Regiment entfallen Kreuzzüge, Glaubens- und Religionskriege als rechtmäßige Kriege beziehungsweise *causae iustae*. Der Krieg wird in diesem Sinne „verweltlicht" (entklerikalisiert oder besser: entsakralisiert). Luther rückt erkennbar von Augustin ab, wenn er mit der Regimenter-Differenz die Zuständigkeit der Obrigkeit für Glaubensfragen bestreitet – und zwar unter Berufung auf Augustin, der freilich auch anders geredet hat: „Zum Glauben kann und soll man niemanden zwingen" (Luther 1900 [1523], S. 264,20; modernisiert).

c. Im Sinne des Grundsatzes „Niemand soll sein eigner Richter sein" wird das *ius ad bellum* in die Hand der übergeordneten Obrigkeit als *legitima auctoritas* beziehungsweise *legitima potestas* gelegt. Sie „soll, aller empirischen Unvollkommenheit und Durchsetzungsschwäche zum Trotz beim Reichsrecht und seinen gesetzlichen Sachwaltern liegen" (Lienemann 2006, S. 74; vgl. Stümke 2007, S. 247). Luthers Plädoyer für eine Stärkung der fürstlichen Gewalt zielt bei Lichte betrachtet auf eine Stärkung des Rechts und gerade nicht der Despotie eines frühneuzeitlichen Absolutismus. Es gilt zu bedenken: „Luther stand ganz unter dem Eindruck der Ungesichertheit des täglichen Lebens durch mangelhaft geltenden und durchsetzbaren Landfrieden" (Schellong 1982, S. 15).

Indem auch Luther die christlichen Fürsten für Sünder (*totus peccator*) hält, ist der Gedanke einer christlichen Obrigkeit als *legitima auctoritas* für ihn in gewisser Weise uninteressant geworden, wenngleich er die Notwendigkeit einer Gewissensberatung sieht und im dritten Teil seiner Obrigkeitsschrift (Luther 1900 [1523], S. 271-281) eine Art Fürstenspiegel zur evangeliumsgemäßen Amtsführung entwirft (vgl. Windhorst 2010, S. 59ff.; Zschoch 2015, S. 70ff.). Ein Loblied (Panegyrik) auf gerechte Herrscher wie bei Augustin findet sich indes bei Luther nicht:

„Dass Luther trotzdem von der Obrigkeit Hilfe gegenüber den Auswirkungen der Sünde erwartet, liegt nicht an den Vertretern der Obrigkeit, also nicht an den Personen, sondern an dem von Gott eingerichteten Amt der Obrigkeit als solchem. Auf den naheliegenden Gedanken, dass, wenn die Personen der Obrigkeit so [d. h. Sünder, Anm. des Verf.] sind, sie besser von der Allgemeinheit kontrolliert würden, und dass allgemeine gegenseitige Kontrolle, also Radikaldemokratie, vielleicht der allgemeinen Sündhaftigkeit überhaupt am angemessensten sein könnte, ist Luther allerdings nicht im Traum gekommen" (Schellong 1982, S. 15).

5   Immanuel Kant

Auch Immanuel Kant hat Römer 13 rezipiert. In seiner „Metaphysik der Sitten" (1797) zitiert er Röm 13,1 und erläutert, dass der Satz „alle Obrigkeit ist von Gott" nicht als „Geschichtsgrund der bürgerlichen Verfassung, sondern eine Idee, als praktisches Vernunftprinzip" (Kant 1983 [1797], VII, S. 438) zu verstehen ist. Das bedeutet:

„[D]ie das Recht und den Staat begründende Vernunft wird Kant dementsprechend zum Äquivalent für die göttliche Anordnung der Obrigkeit aus Röm 13 […]. Die göttliche Legitimation erfolgt im Rahmen der vernünftigen Konstitution von Recht und Staat; sie geht dieser Konstitution weder voraus, noch ist sie Domäne der Kirche" (Anselm 2015, S. 206).

Kant versteht das Recht ebenso wie den Staat beziehungsweise den ihn begründenden Gesellschaftsvertrag nicht als historisches Ereignis, sondern als Idee der Vernunft (vgl. Kant 1983 [1793], IX, S. 153), ebenso wie die gesamte rechtsethische Pointierung seiner Friedensutopie „Zum ewigen Frieden" (1795)[12] nicht auf einem

---

12 Vgl. einführend auch Kersting (2017) sowie Habermas (1996, S. 192ff.).

positivistischen Rechtsbegriff, sondern der „Rechtsidee" basiert (Kant 1983 [1795], IX, S. 224; vgl. auch Reuter 2012, S. 13).

Über Luther hinaus hat Kant in seinem Entwurf „Zum ewigen Frieden" die Theorie eines Völkerrechts vorgelegt, das auf einen Föderalismus freier Staaten gegründet sein soll. Kant fordert das, was Luther noch nicht im Blick hatte, nämlich ein *ius cosmopoliticum*, nach dem eine Rechtsverletzung „an einem Ort der Welt an allen geführt wird" (Kant 1983 [1795], IX, S. 216).

Kant konzipiert das Völkerrecht als einen Doppelvertrag, mit einem Präliminarvertrag und einem Definitivvertrag. Der *Präliminarvertrag* besteht aus sechs Artikeln (Kant 1983 [1795], IX, S. 196-202), die als vorläufige Übereinkunftspunkte zu verstehen sind, die einem zu schließenden Vertrag zur Grundlage dienen sollen. Sie sind negativ als Verbote formuliert und sollen als notwendige Bedingungen für einen ewigen Frieden Kriegsgründe ausschließen, als da wären: 1. kein Friedensschluss unter Vorbehalt; 2. kein Erwerb eines Staates durch einen anderen; 3. keine stehenden Heere; 4. keine Staatsschulden für auswärtige Staatshändel; 5. Einmischungsverbot und 6. keine verbrecherischen Kriegsmittel. Im Zuge dieser Präliminarartikel hat Kant

> „als erster die Friedensdiskussion von Überlegungen zur Abwehr eines erlittenen oder angedrohten Unrechts umgestellt auf die Frage nach den *Bedingungen des Friedens*. Die retrospektive Frage nach der *causa iusta* eines Krieges weicht der prospektiven Frage nach den rechtlichen, politischen und sittlichen Bedingungen der Möglichkeit der Sicherung des Friedens ohne Rückgriff auf militärische Gewalt" (Lienemann 2006, S. 76).

Der *Definitivvertrag* besteht aus drei endgültigen Artikeln („Definitivartikeln") (Kant 1983 [1795], IX, S. 203-217), die positiv formuliert sind und ein geordnetes Rechtssystem für die vertragsschließenden Staaten fordern. Sie lauten:

1. „Die bürgerliche Verfassung in jedem Staate soll republikanisch sein" (Kant 1983 [1795], IX, S. 204), wobei Kant primär an die rechtsstaatliche Ordnung im Inneren der Staaten denkt, aber auch um die Friedensneigung von Republiken weiß, sofern die Zustimmung zum Krieg von allen Bürgern abhängt (so Reuter 2016, S. 522).

2. „Das Völkerrecht soll auf einen *Föderalismus* freier Staaten gegründet sein" (Kant 1983 [1795], IX, S. 208), wohingegen ein Weltstaat tendenziell despotisch wäre.

3. „Das *Weltbürgerrecht* soll auf die Bedingungen der allgemeinen *Hospitalität* eingeschränkt sein" (Kant 1983 [1795], IX, S. 213), wobei die Garantie, wenigstens gastweise Rechtsschutz zu genießen, angesichts der heutigen Migrationsbewegungen von bleibender Aktualität ist (vgl. von Scheliha 2016, S. 78ff.).

Es wäre verkürzt zu behaupten, dass Kants Friedensutopie im Unterschied zu Augustin und Luther auf einer allzu optimistischen Anthropologie basiert und im „süßen Traum" (Kant 1983 [1795], IX, S. 195) vor Unliebsamkeiten die Augen verschließt. Kant rechnet im Blick etwa auf das Problem der Staatserrichtung mit einem „Volk von Teufeln" (Kant 1983 [1795], IX, S. 224), ohne deshalb das projektierte „Ende aller Hostilitäten" (Kant 1983 [1795], IX, S. 196) als kategorisches Vernunftgebot zu sistieren. Kant kann eben konditionierend ergänzen: „ein Volk von Teufeln" – „wenn sie nur Verstand haben" (Kant 1983 [1795], IX, S. 224). Für die Staatserrichtung als Grundlage des ewigen Friedens genügt es, dass die Menschen Verstand (nicht einmal Vernunft) besitzen. Es geht Kant um einen ewigen Frieden, „zu dem man sich in der kontinuierlichen Annäherung zu befinden nur unter dieser Bedingung [sc. des Weltbürgerrechts, Anm. des Verf.) schmeicheln darf" (Kant 1983 [1795], IX, S. 217). Hinsichtlich ihrer regulativen Kraft lässt sich Kants ewiger Frieden als produktive Utopie identifizieren, die anspornt, kommt es doch – so die Quintessens der Präliminarartikel – entscheidend darauf an, „die Vorkehrungen und Mittel, die zur Führung eines Krieges erforderlich sind, in einer kontinuierlichen Anstrengung zu eliminieren" (Lienemann 2006, S. 76).

Kants Realismus zeigt sich fernerhin darin, dass er es für unerlässlich erachtet, zwischen notwendigen Mindestbedingungen für den Bestand einer internationalen Friedenordnung („Präliminarartikel") und – da diese Elementarbedingungen notwendig, aber nicht hinreichend sind – solchen Bedingungen, die als Garantien geschaffen werden müssen („Definitivartikel"), zu differenzieren, damit im Inneren der Staaten und zwischen ihnen nicht Willkür, sondern Recht und Gesetz herrscht. Diese Differenzierung spricht eine klare Priorisierung aus, skaliert also, und macht damit die Utopie operationalisierbar oder zumindest operationalisierbarer.

Kant sieht sehr deutlich, dass der Frieden gestiftet werden muss:

> „Der Friedenszustand unter Menschen, die neben einander leben, ist kein Naturzustand (status naturalis), der vielmehr ein Zustand des Krieges ist, d. i. wenn gleich nimmer ein Ausbruch der Feindseligkeiten, doch immerwährende Bedrohung mit denselben. Er muß also *gestiftet* werden" (Kant 1983 [1795], IX, S. 203).

Die Akzentuierung des Aktivs des Friedensstiftens verbindet Kant mit Luther, der in seiner Auslegung der entsprechenden Seligpreisung Jesu in der Bergpredigt betont:

> „Hier preist der Herr […] diejenigen, die sich darum bemühen, dass sie gerne Frieden schaffen, nicht allein für sich, sondern auch unter anderen Leuten, dass sie helfen, böse und verworrene Angelegenheiten zurechtzubringen, Hader zu beenden, Krieg und Blutvergießen zu wehren" (Luther 1906 [1530], S. 330,12-15; modernisiert; vgl. auch Geyer 2003, S. 435ff.).

Mit Luther verbindet Kant bei aller Differenz eine Traditionslinie,
die über eine Rezeption von Römer 13 verläuft und die Ablehnung
von (aktivem) Widerstand und Aufruhr betrifft:

> „[W]enn das Organ des Herrschers, der Regent, auch den Gesetzen
> zuwider verführe, z. B. mit Auflagen, Rekrutierungen, u. dergl.,
> wider das Gesetz der Gleichheit in Verteilung der Staatslasten,
> so darf der Untertan dieser Ungerechtigkeit zwar Beschwerde
> (gravamina), aber keinen Widerstand entgegensetzen" (Kant 1983
> [1797], VII, S. 438).

Folgt diese Ablehnung aus dem jeweiligen Rechtsbegriffs, bezogen
im Fall Luthers auf das Reichsrecht und im Fall Kants auf ein anti-
zipiertes globales Völkerrecht, so wird zugleich die Gebrochenheit
dieser Traditionslinie erkennbar:

> „Luthers fundamentale Bestreitung der Möglichkeit, daß jemand
> Richter in eigener Sache sein könne, entspricht unmittelbar der
> Idee Kants, daß das Recht ohne Ansehung von Interessen und
> Parteien Kriterium aller Herrschaft sein müsse und könne. Luther
> denkt im Horizont eines entstehenden, wenngleich empirisch noch
> höchst zerbrechlichen Reichsrechtes, Kant denkt in theoretischer
> Antizipation eines notwendigen globalen Völkerrechts" (Liene-
> mann 1991, S. 266f.).

Auch in ihrer Zurückhaltung gegenüber einem Widerstandrechts
zeigt sich ein nicht unproblematisches Stück Wirkungsgeschichte
von Römer 13. Im Fall der Wurzener Fehde (1542) empfahl Luther
freilich nichts Geringeres als das Desertieren. Es gilt fernerhin zu
bedenken:

> „Das Verbot des Widerstandes muß eine Pflicht zur ‚Besserung'
> der öffentlichen wie zwischenstaatlichen Ordnung nicht aus-
> schließen. Diese Pflicht schließt bei Luther die Möglichkeit des
> Protestes wie des gewaltfreien Widerstandes ein; für Kant bildet

die Möglichkeit der öffentlichen Kritik, das ‚Palladium der Feder‘, eine Mindestvoraussetzung für die Rechtsvermutung zugunsten einer bestehenden Ordnung. Dem Volk und seiner Fähigkeit zu politischer Selbstorganisation freilich mißtrauten beide abgrundtief" (Lienemann 1991, S. 267).

Aufstand und Revolution sind nach der Auffassung beider mit dem Odium von Chaos und Anarchie versehen, so dass, nach Kants Ansicht, „irgend eine *rechtliche*, obzwar nur in geringem Grade rechtmäßige, Verfassung besser ist als gar keine" (Kant 1983 [1795], IX, S. 234).

6 Fazit

Es hat sich gezeigt, dass alle drei Denker (Augustin, Luther und Kant) ausgehend von Römer 13 je auf ihre Weise mit der Vereinbarkeit von Gewaltverzicht und der Ausübung politischer Zwangsgewalt sowie von Friedensforderung und Gewaltgebrauch ringen. Im Verhältnis zwischen ihren Entwürfen treten in komparativer Perspektive sowohl Diskontinuitäten als auch Kontinuitäten in Erscheinung.

Alle drei lesen Römer 13 im Sinne einer rechtlich geordneten legitimen Herrschaft. Unter dem Recht wird dabei freilich durchaus Unterschiedliches verstanden. Augustin bewegt sich stark in den Bahnen traditionellen naturrechtlichen Denkens unter den Bedingungen eines beginnenden mittelalterlichen *Corpus Christianum*, während Luther im Rahmen seiner Zwei-Reiche- beziehungsweise -Regimenten-Lehre auf dem Hintergrund eines Rechtsbegriffs agiert, zu dem es gehört, dass niemand Richter in eigener Sache ist. Kant wiederum fordert – geleitet von der Rechtsidee und der Nomothetik der Vernunft – ein modernes internationales Völkerrecht auf dem Hintergrund eines souveränitätsrechtlichen *liberum ius ad bellum*. Je auf ihre Weise und unter divergierenden Denkvoraussetzungen haben alle drei die Figur des Rechts in seiner pazifizierenden Funktion betont und ihm eine entscheidende Bedeutung zugemessen. Im Lichte von Römer 13 lesen alle drei die besonderen Herausforderungen ihrer Zeit rechtsbezogen, wodurch ihnen jeweils ein „refraiming" der politischen Wirklichkeit eröffnet wird. Römer 13 fungiert dabei als hermeneutischer Schlüssel, ist jedoch – wiederum bei allen drei – nicht mit einem Passepartout zu verwechseln, das als umfassendes Erklärungsmuster geeignet wäre.

Im Einzelnen zeigt sich bei aller Diskontinuität eine besonders enge Verbindung zwischen Augustin und Luther, die die sogenannte Zwei-Reiche-Lehre betrifft:

> „[D]ie Unterscheidung zweier Reiche oder Regierweisen Gottes [wird] durch das Spannungsverhältnis zwischen der Anerkennung der sozialen und politischen Strukturen und insbesondere der in der ‚Welt' herrschenden Ordnungsmächte (Obrigkeit) einerseits (Röm 13,1ff), der Bestimmung und Ausrichtung des Lebens der Christinnen und Christen durch die Herrschaft Gottes andererseits (Röm 12,19ff; Mt 5,38ff) nahegelegt" (Lienemann 1996, S. 1409).

Auf dem Hintergrund von Augustin erweist sich die verbreitete Lesart von Luthers Obrigkeitslehre im Sinne eines reinen Unterordnungspathos als verkürzt: Der Christenmensch soll sich eben nicht nur der Rechtsinstanz unterordnen, sondern auch bereit sein, obrigkeitliche Aufgaben zu übernehmen:

> „Damit kann Luther den einheitlichen, an alle Christenmenschen gerichteten Verbindlichkeitsanspruch der Bergpredigt festhalten […]. Luther stellt die christliche Ethik des Politischen ‚von einer korporativ-sektoralen auf eine individuell-funktionale Orientierung' um (Korsch). Das meint: Der Christ muss bei jeder von ihm zu vollziehenden Handlung oder Unterlassung aufs Neue differenzieren, ob sie nur ihn persönlich betrifft oder ob er ins einer Verantwortung für andere gefordert ist" (Reuter 2015, S. 51f.).

Es geht um eine Hermeneutik des Unterscheidens beziehungsweise Kunst des Differenzierens zwischen Gottes beiden Reichen und Regimenten, die beide in Politik und Gesellschaft aufeinander zu beziehen vermag.

Kant und Luther erweisen sich insbesondere über den starken Rechtsbezug als konzeptionell konnektiert. Er zeigt sich etwa in der Widerstandsablehnung, welche eine strukturell ganz ähnliche Begründung aufweist, nämlich *cum grano salis* aus dem jeweiligen Rechtsbegriff folgt. Bei beiden erhält darüber hinaus – wiederum geleitet von Römer 13 – die *legitima auctoritas* eine zentrale Stellung in der Lehre vom gerechten Krieg, wobei sich zumindest im Blick auf Kant konstatieren lässt:

> „Militärische Gewalt wird allein von der obersten obrigkeitlichen Aufgabe der Rechtswahrung her legitimiert, welche wiederum nicht an einem partikularen, standesbezogenen oder interessenbedingten, sondern an einem verallgemeinerungsfähigen Rechtsbegriff mit einer starken sozialstaatlichen Kompetente orientiert ist" (Lienemann 1991, S. 267).

Abschließend sei festgehalten, dass sich der dargelegten Wirkungsgeschichte anhand der drei Knotenpunkte durchaus ein andersartiges Narrativ als ausschließlich das der servilen Untertanenmentalität und der kategorischen Gehorsamsforderung entnehmen lässt. Aus der Rezeption von Römer 13 gehen durchaus auch konstruktive und produktive Impulse zur Überwindung der klassischen Obrigkeitslehre hervor und zwar präzise dort, wo nicht die Obrigkeit als solche, sondern vielmehr ihre Aufgabe der Friedens- und Rechtswahrung in den Blick tritt. Vermutlich liegt hier die eigentliche kopernikanische Revolution in der Rechts- und Friedensethik vor. Ihr wird es darauf ankommen,

„konstruktiv die Bedingungen und Institutionen der Friedenssicherung zu entwickeln, um zum Rückgriff auf Gewalt zu diesem Zwecke gerade nicht mehr genötigt zu sein. Das bedeutet, im Frieden die Ursachen möglichen Unfriedens zu identifizieren, rechtzeitig Gewaltpotentiale zu entschärfen (und eben deshalb auch eine kontinuierliche Rüstungsreduktion politisch durchzusetzen), Verfahren und Institutionen besonders des Menschenrechtsschutzes effektiv weiterzuentwickeln und für Krisenfälle antizipative, zivile Friedenseinsätze zu planen und vorzubereiten. Dies bedeutet eine Umstellung auf die Einsicht, dass nur noch der Frieden der Ernstfall ist" (Lienemann 2006, S. 82).

Literatur

Affeldt, Werner. 1969. *Die weltliche Gewalt in der Paulus-Exegese. Röm. 13,1-7 in den Römerbriefkommentaren der lateinischen Kirche bis zum Ende des 13. Jahrhunderts.* Göttingen: Vandenhoeck & Ruprecht.

Anselm, Reiner. 2015. Politische Ethik. In *Handbuch der Evangelischen Ethik,* hrsg. von Wolfgang Huber, Torsten Meireis und Hans-Richard Reuter, 195-263. München: C. H. Beck.

Augustin. 1891 [ca. 400-402]. *Contra Faustum Manichaeum* (Wider den Manichäer Faustus) (CSEL 25/1), hrsg. von Joseph Zycha. Wien: Temsky.

Augustin. 1955 [413-426]. *De civitate Dei* (Vom Gottesstaat) (CCL 47/48), hrsg. von Bernard Dombart und Alphons Kalb. Turnhout; Brepols.

Augustin. 1898. *Epistulae 31-123* (CSEL 34/2), hrsg. von Alois Goldbacher. Prag, Wien und Leipzig: Tempsky-Freytag.

Augustin. 1911. *Epistulae 185-270* (CSEL 57), hrsg. von Alois Goldbacher. Prag, Wien und Leipzig: Tempsky-Freytag.

Bayer, Oswald. 2007. *Martin Luthers Theologie. Eine Vergegenwärtigung.* 3. Aufl. Tübingen: Mohr Siebeck.

Bormann, Lukas. 2010. Der Politikbegriff der neutestamentlichen Wissenschaft in Deutschland. In *Politische Horizonte des Neuen Testaments,* hrsg. von Eckhart Reinmuth, 28-49. Darmstadt: Wissenschaftliche Buchgesellschaft.

Bormann, Lukas. 2014. Ethik und Politik. In *Neues Testament. Zentrale Themen*, hrsg. von Lukas Bormann, 315-336. Neukirchen-Vluyn: Neukirchener.

Brachtendorf, Johannes, 2009. Augustinus: Friedensethik und Friedenspolitik. In *Krieg und Christentum. Religiöse Gewalttheorie in der Kriegserfahrung des Westens*, hrsg. von Andreas Holzem, 234-253. Paderborn: Ferdinand Schöningh.

Broer, Ingo. 1992. Artikel *exousia*. In *Exegetisches Wörterbuch zum Neuen Testament Bd. 2*, hrsg. von Horst Balz und Gerhard Schneider, 23-29. 2. Aufl. Kohlhammer: Stuttgart.

Budzik, Stanislaw. 1988. *Doctor pacis. Theologie des Friedens bei Augustinus*. Innsbruck / Wien: Tyrolia Verlag.

Cancik, Hubert. 1983. Augustin als constantinischer Theologe. In *Religionstheorie und Politische Theologie Bd.1: Der Fürst dieser Welt. Carl Schmitt und die Folgen*, hrsg. von Jacob Taubes, 136-152. München: Wilhelm Fink und Ferdinand Schöningh.

Duchrow, Ulrich. 1983. *Christenheit und Weltverantwortung. Traditionsgeschichte und systematische Struktur der Zweireichelehre*. 2. Aufl. Stuttgart: Klett-Cotta.

Euseb von Cäsarea. 1991 [um 337]. *De vita Constantini. Eusebius' Werke I/1*, hrsg. von Friedhelm Winkelmann. 2. Aufl. Berlin: Akademie-Verlag.

Frey, Christofer. 1990. *Theologische Ethik. Neukirchener Arbeitsbücher*. Neukirchen-Vluyn: Neukirchener.

Geest, Paul van. 2007. Ethik. In *Augustin Handbuch*, hrsg. von Volker Henning Drecoll, 526-539. Tübingen: Mohr Siebeck.

George, Martin. 2004. Vom Pazifismus zur kritischen Legitimation militärischer Gewalt. Auseinandersetzungen in der Alten Kirche. In *Gewalt wahrnehmen – von Gewalt heilen. Theologische und religionswissenschaftliche Perspektiven*, hrsg. von Walter Dietrich und Wolfgang Lienemann, 134-149. Stuttgart: Kohlhammer.

Geyer, Hans-Georg. 2003 [1982]. Luthers Auslegung der Bergpredigt. In *Andenken. Theologische Aufsätze*, hrsg. von Hans Theodor Goebel, Dietrich Korsch, Hartmut Ruddies und Jürgen Seim, 435-446. Tübingen: Mohr Siebeck.

Haacker, Klaus. 2012. *Der Brief des Paulus an die Römer*. 4. Aufl. Leipzig: Evangelische Verlagsanstalt.

Habermas, Jürgen. 1996. *Die Einbeziehung des Anderen. Studien zur politischen Theorie*. Frankfurt a. M.

Härle. Wilfried. 2011. *Ethik*. Berlin: de Gruyter.

Härle, Wilfried. 2017. „Niemand soll in eigener Sache Richter sein". Luthers Sicht der Obrigkeit und der demokratische Rechtsstaat. In *Luther heute. Ausstrahlungen der Wittenberger Reformation*, hrsg. von Ulrich Heckel, Jürgen Kampmann, Volker Leppin und Christoph Schwöbel, 294-318. Tübingen: Mohr Siebeck.

Hays, Richard B. 1996. *The Moral Vision of the New Testament: Community, Cross, New Creation. A Contemporary Introduction to New Testament Ethics*. San Francisco: Harper Collins Publishers.

Hofheinz, Marco. 2012. *Calvins theologische Friedensethik*. Stuttgart: Kohlhammer.

Hofheinz, Marco. 2014. *„Er ist unser Friede". Karl Barths christologische Grundlegung der Friedensethik im Gespräch mit John Howard Yoder*. Göttingen: Vandenhoeck & Ruprecht.

Huber, Wolfgang und Hans-Richard Reuter. 1990. *Friedensethik*. Stuttgart: Kohlhammer.

Hütter, Reinhard. 1999. Be Honest in Just War Thinking! Lutherans, the Just War Tradition, and Selective Conscientious Objection. In *The Wisdom of the Cross. Essays in Honor of John Howard Yoder*, hrsg. von Stanley Hauerwas, Chris K. Huebner, Harry J. Huebner und Mark T. Nation, 69-83. Grand Rapids: Eerdmans.

Käsemann, Ernst. 1970. Grundsätzliches zur Interpretation von Röm 13. In *Exegetische Versuche und Besinnungen II*, 204-222. 3. Aufl. Göttingen: Vandenhoeck & Ruprecht.

Kant, Immanuel. 1983 [1793]. Über den Gemeinspruch: Das mag in der Theorie richtig sein, taugt aber nicht für die Praxis. In *Immanuel Kant. Werke in zehn Bänden, Bd. IX*, hrsg. von Wilhelm Weischedel, 125-172. 5. Aufl. Darmstadt: Wissenschaftliche Buchgesellschaft.

Kant, Immanuel. 1983 [1795]. Zum ewigen Frieden. In *Immanuel Kant. Werke in zehn Bänden, Bd. IX*, hrsg. von Wilhelm Weischedel, 191-251. 5. Aufl. Darmstadt: Wissenschaftliche Buchgesellschaft.

Kant, Immanuel. 1983 [1797]. Metaphysik der Sitten. In *Immanuel Kant. Werke in zehn Bänden, Bd. VII*, hrsg. von Wilhelm Weischedel, 309-634. 5. Aufl. Darmstadt: Wissenschaftliche Buchgesellschaft.

Kersting, Wolfgang. 2017. Globaler Rechtsfrieden – Immanuel Kants Entwurf eines „ewigen Friedens". In *Handbuch Friedensethik*, hrsg. von Ines-Jacqueline Werkner und Klaus Ebeling, 485-499. Wiesbaden: Springer VS.

Krauter, Stefan. 2009. *Studien zu Röm 13,1-7: Paulus und der politische Diskurs der neronischen Zeit*. Tübingen: Mohr Siebeck.

Leonhardt, Rochus. 2013. Äquidistanz als Götzendienst? Überlegungen zur politischen Ethik im deutschen Nachkriegsprotestantismus. In *Gott – Götter – Götzen. XIV. Europäischer Kongress für Theologie*, hrsg. von Christoph Schwöbel, 656-674. Leipzig: Evangelische Verlagsanstalt.

Lienemann, Wolfgang. 1982. *Gewalt und Gewaltverzicht. Studien zur abendländischen Vorgeschichte der gegenwärtigen Wahrnehmung von Gewalt*. München: Chr. Kaiser.

Lienemann, Wolfgang. 1991. Vom gerechten Krieg zum gerechten Frieden? Überlegungen zur neuen ökumenischen Friedensethik. In *Kirchliche Zeitgeschichte 4(2)*: 260-275.

Lienemann, Wolfgang. 1996. Zwei-Reiche-Lehre. In *Evangelisches Kirchenlexikon Bd. 4*, 3. Aufl., hrsg. von Erwin Fahlbusch, Jan M. Lochman, John Mbiti, Jaroslav Pelikan und Lukas Vischer, 1408-1419. Göttingen: Vandenhoeck & Ruprecht.

Lienemann, Wolfgang. 2003. Mit Gewalt Gott dienen? Rechtsethische Überlegungen anlässlich der ökumenischen Dekade „To Overcome Violence". In *Gott wahr nehmen*, hrsg. von Magdalene L. Frettlöh und Hans P. Lichtenberger, 359-377. Neukirchen-Vluyn: Neukirchener.

Lienemann, Wolfgang. 2004. Kritik der Gewalt. Unterscheidungen und Klärungen. In *Gewalt wahrnehmen – von Gewalt heilen. Theologische und religionswissenschaftliche Perspektiven*, hrsg. von Walter Dietrich und Wolfgang Lienemann, 10-30. Stuttgart: Kohlhammer.

Lienemann, Wolfgang. 2005. „Eschatologik" als Antipolitik? Politische Ethik zwischen weltlichem Staat und christlichem Friedenszeugnis: Überlegungen im Blick auf Augustins De civ. Dei XIV, In *Alles in allem. Eschatologische Anstöße. FS J. Christine Janowski*, hrsg. von Ruth Heß und Martin Leiner, 409-425. Neukirchen-Vluyn: Neukirchener.

Lienemann, Wolfgang. 2006. Gibt es gerechte Kriege? In *Kollektive Gewalt?*, hrsg. von Sarah M. Zwahlen und Wolfgang Lienemann, 69-85. Bern: Haupt Verlag.

Luther, Martin. 1900 [1523]. Von weltlicher Obrigkeit, wie weit man ihr Gehorsam schuldig sei. In *Weimarer Lutherausgabe, WA 11: Predigten und Schriften 1523*, 229-281. Weimar: Metzler Verlag.

Luther, Martin. 1908 [1525]. Wider die räuberischen und mörderischen Rotten der Bauern. In *Weimarer Lutherausgabe, WA 18: Schriften 1525*, 344-361. Weimar: Metzler Verlag.

Luther, Martin. 1897 [1526]. Ob Kriegsleute auch in seligem Stande sein können. In *Weimarer Lutherausgabe, WA 19: Schriften 1526*, 616-662. Weimar: Metzler Verlag.

Luther, Martin. 1906 [1530]. Wochenpredigten über Matth. 5-7. In *Weimarer Lutherausgabe, WA 32: Reihenpredigten über Matthäus 5-7*, LXXV-555. Weimar: Metzler Verlag.

Maier, Hans. 2008. *Compelle intrare*. Rechtfertigungsgründe für die Anwendung von Gewalt zum Schutz und zur Ausbreitung des Glaubens in der Theologie des abendländischen Christentums. In *Heilige Kriege. Religiöse Begründungen militärischer Gewaltanwendung: Judentum, Christentum und Islam im Vergleich*, hrsg. von Klaus Schreiner, 55-69. München: R. Oldenbourg.

Mayordomo, Moisés. 2005. Die Pflicht der „Staatsgewalt" (Röm 13,1-7). In *Gewalt und Gewaltüberwindung in der Bibel*, hrsg. von Walter Dietrich und Moisés Mayordomo, 166-174. Zürich: TVZ.

Mettner, Matthias. 1991. Frieden. In *Neues Handbuch theologischer Grundbegriffe Bd. 2*, hrsg. von Peter Eicher, 96-123. Erw. Neuausgabe in 5 Bänden. München: Kösel.

Oort, Johannes van. 2007. De civitate dei (Über den Gottesstaat). In *Augustin Handbuch*, hrsg. von Volker Henning Drecoll, 347-363. Tübingen: Mohr Siebeck.

Pohle, Lutz. 1984. *Die Christen und der Staat nach Römer 13. Eine typologische Untersuchung der neueren deutschsprachigen Schriftauslegung*. Mainz: Grünewald.

Reuter, Hans-Richard. 2000. Martin Luther und das Friedensproblem. In *Suche nach Frieden. Politische Ethik in der Frühen Neuzeit I*, hrsg. von Norbert Brieskorn und Markus Riedenauer, 63-82. Stuttgart: Kohlhammer.

Reuter, Hans-Richard. 2012. Terrorismus und rechtserhaltende Gewalt. Grenzen des Antiterrorismus aus ethischer Sicht. In *Gewalt und Gewalten. Zur Ausübung, Legitimität und Ambivalenz rechtserhaltender Gewalt*, hrsg. von Torsten Meireis, 11-29. Tübingen: Mohr Siebeck.

Reuter, Hans-Richard. 2015. Grundlagen und Methoden der Ethik. In *Handbuch der Evangelischen Ethik*, hrsg. von Wolfgang Huber, Torsten Meireis und Hans-Richard Reuter, 9-123. München: C. H. Beck.

Reuter, Hans-Richard. 2016. Frieden/Friedensethik. In *Evangelisches Soziallexikon*, hrsg. von Jörg Hübner und Johannes Eurich, 9. Aufl., 518-526. Stuttgart: Kohlhammer.

Ritschl, Dietrich. 1966. Die Last des augustinischen Erbes. In *Parrhesia. FS Karl Barth zum 80. Geburtstag*, hrsg. von Eberhard Busch, Jürgen Fangmeier und Max Geiger, 470-490. Zürich: TVZ.

Rohls, Jan. 1999. *Geschichte der Ethik*. 2. Aufl. Tübingen: Mohr Siebeck.

Scharffenorth, Gerta. 1964. *Römer 13 in der Geschichte des politischen Denkens. Ein Beitrag zur Klärung der politischen Traditionen in Deutschland seit dem 15. Jahrhundert*, Diss. phil. Heidelberg.

Scheliha, Arnulf von. 2013. *Protestantische Ethik des Politischen*. Tübingen: Mohr Siebeck.

Scheliha, Arnulf von. 2016. Migration in ethisch-religiöser Reflexion. Theologiegeschichtliche und ethische Erwägungen zu einem aktuellen Thema. *Zeitschrift für Theologie und Kirche* 113 (1): 78-98.

Schellong, Dieter. 1982. Anarchismus und Pazifismus als Themen christlicher Theologie. *Medien praktisch (2)*: 8–12, 14–20, 42–43.

Schrage, Wolfgang. 1989. *Ethik des Neuen Testaments*. 5. Aufl. Göttingen: Vandenhoeck & Ruprecht.

Schreiber, Stefan. 2005. Imperium Romanum und römische Gemeinden. Dimensionen politischer Sprechweise in Röm 13. In *Die Bedeutung der Exegese für Theologie und Kirche*, hrsg. von Ulrich Busse, 131-171. Freiburg: Herder.

Scott, James C. 1990. *Domination and the Arts of Resistance. Hidden Transcripts*. New Haven: Yale University Press.

Standhartinger, Angela. 2011. Paulus und das Imperium. *Zeitschrift für Pädagogik und Theologie* 63 (1): 29-38.

Strecker, Christian. 2011. Taktiken der Aneignung. Politische Implikationen der paulinischen Botschaft im Kontext der römischen imperialen Wirklichkeit. In *Neues Testament und Politische Theorie. Interdisziplinäre Beiträge zur Zukunft des Politischen*, hrsg. von Eckhart Reinmuth, 114-161. Stuttgart: Kohlhammer.

Stobbe, Heinz-Günther. 1987. Den Frieden denken – Historisch-systematische Notizen für eine menschenwürdige Zukunft. In *Handbuch Praxis der Umwelt- und Friedenserziehung, Bd. 1: Grundlagen*, hrsg. von Jörg Calließ und Reinhold E. Lob, 449.460. Düsseldorf: Pädagogischer Verlag Schwann-Bagel.

Stobbe, Heinz-Günther. 2010. *Religion, Gewalt und Krieg. Eine Einführung*. Stuttgart: Kohlhammer.

Stümke, Volker. 2007. *Das Friedensverständnis Martin Luthers. Grundlagen und Anwendungsbereiche seiner politischen Ethik*. Stuttgart: Kohlhammer.

Stuhlmacher, Peter. 1986. *Vom Verstehen des Neuen Testaments*. 2. Aufl. Göttingen: Vandenhoeck & Ruprecht.

Stumpf, Christoph A. 2001. Vom heiligen Krieg zum gerechten Krieg. Ein Beitrag zur alttestamentlichen und augustinischen Tradition des kanonistischen Kriegsvölkerrechts bei Gratian. *Zeitschrift der Savigny-Stiftung für Rechtsgeschichte: Kanonistische Abteilung* 87 (1): 1-30.

Theißen, Gerd und Petra von Gemünden. 2016. *Der Römerbrief. Rechenschaft eines Reformators*. Göttingen: Vandenhoeck & Ruprecht.

Vouga, François. 2011. Die paulinische Gründung der demokratischen Republik – 1. Korinther 12,1-31. In *Politische Horizonte des Neuen Testaments*, hrsg. von Eckhart Reinmuth, 162-178. Darmstadt: Wissenschaftliche Buchgesellschaft.

Weissenberg, Timo J. 2005. *Die Friedenslehre des Augustinus. Theologische Grundlagen und ethische Entfaltung*. Stuttgart: Kohlhammer.

Wengst, Klaus. 1986. *Pax Romana. Anspruch und Wirklichkeit*. München: Chr. Kaiser.

Wengst, Klaus. 2008. *„Freut euch, ihr Völker, mit Gottes Volk!". Israel und die Völker als Thema des Paulus – ein Gang durch den Römerbrief*. Stuttgart: Kohlhammer.

Wilckens, Ulrich. 1982. *Der Brief an die Römer, Bd. 3: EKK VI/3: Römer 12-16*. Zürich: Benziger und Neukirchener.

Windhorst, Christof. 2010. „Durch ihre Amt Schutz und Frieden haben". Martin Luther über die soziale Verantwortung der Obrigkeit. In *Orientierung für das Leben. Kirchliche Bildung und Politik in Spätmittelalter, Reformation und Neuzeit. FS für Manfred Schulz*, hrsg. von Patrik Mähling, 59-80. Münster: LIT.

Yoder, John Howard. 1996. *When War is Unjust: Being Honest in Just-War Thinking*. Maryknoll: Orbis.

Yoder, John Howard. 2011 [1992]. *Die Politik des Leibes Christi. Als Gemeinde zeichenhaft leben*. Schwarzenfeld: Neufeld Verlag.

Zschoch, Hellmut. 2015. Der im Glauben freie Untertan. Luthers Wahrnehmung und Deutung von Obrigkeit. *Luther* 86: 70-84.

Das Reich Gottes, die Idee des Rechts und das Friedensvölkerrecht

Hartwig von Schubert

1 Einleitung

Seit 2000 Jahren verkündet der christliche Glaube „Frieden auf Erden und den Menschen ein Wohlgefallen". Ist aber die Menschheit dabei auch nur einen Schritt weiter gekommen? Im Folgenden sollen das *theologische* Motiv des Reiches Gottes, die *philosophische* Idee des Friedens und das *juristische* Projekt des Friedensvölkerrechts so verbunden werden, dass eine staatliche Friedenspolitik sich damit gegen Kritik und Zweifel besser behaupten kann. Um dabei jedoch nicht zwischen alle Stühle zu geraten, sind aus jedem Fach möglichst aussagekräftige Quellen auszuwählen und die Verbindungen zwischen ihnen reflektiert zu knüpfen.

In einem ersten Schritt lege ich Abschnitte aus Bergpredigt und Römerbrief aus, um einen möglichst frischen Blick auf die alte Kontroverse um die Zwei-Reiche-Lehre zu gewinnen. Im zweiten Schritt kläre ich, in welchem Sinne zwischen den Sphären der Religion und der Politik Analogien, Affinitäten und Korrespondenzen erhoben werden können. Im dritten Abschnitt nehme ich das an die UN-Charta angelehnte Programm „Frieden durch Recht" der

© Springer Fachmedien Wiesbaden GmbH, ein Teil von Springer Nature 2019
I.-J. Werkner und T. Meireis (Hrsg.), *Rechtserhaltende Gewalt – eine ethische Verortung*, Gerechter Frieden, https://doi.org/10.1007/978-3-658-22499-8_4

Friedensdenkschrift der Evangelischen Kirche in Deutschland
(EKD) von 2007 auf und deute es im Kontext der kantischen
Rechtsphilosophie.

2   Politik im Neuen Testament

2.1   Bergpredigt und Römerbrief

> „Ihr habt gehört, dass gesagt worden ist: Auge für Auge und Zahn
> für Zahn. Ich aber sage euch: Leistet dem, der euch etwas Böses
> antut, keinen Widerstand, sondern wenn dich einer auf die rechte
> Wange schlägt, dann halt ihm auch die andere hin. Und wenn dich
> einer vor Gericht bringen will, um dir das Hemd wegzunehmen,
> dann lass ihm auch den Mantel. Und wenn dich einer zwingen will,
> eine Meile mit ihm zu gehen, dann geh zwei mit ihm. […] Ihr habt
> gehört, dass gesagt worden ist: Du sollst deinen Nächsten lieben
> und deinen Feind hassen. Ich aber sage euch: Liebt eure Feinde und
> betet für die, die euch verfolgen, damit ihr Söhne eures Vaters im
> Himmel werdet; denn er lässt seine Sonne aufgehen über Bösen
> und Guten, und er lässt regnen über Gerechte und Ungerechte"
> (Mt 5, 38-45).

Kann und soll man mit der Bergpredigt Politik machen? Zielt
sie auf Politik? Der exegetische Befund lautet: Das absolute Gewaltverbot der Bergpredigt (vgl. Zeilinger 2002) gründet in der
Autorität Jesu, es steht aber nicht absolut im Text, sondern in
Relation einer Rede, die klar abgrenzbar ist. Der Inhalt dieser
radikalen Rede steht in keiner ethischen Tradition, auch nicht
in der frühjüdischen Toraauslegung. Die Lehre ebenso wie die
Heilungen im anschließenden achten und neunten Kapitel sind
allein durch den Lehrer autorisiert, und dieser wiederum durch
seine Lebensgeschichte, die ans Kreuz führt und durch die Auf-
erweckung von den Toten beglaubigt wird. Diese Autorisierung

ist auch notwendig, denn Jesus stellt der Tora Israels auf gleicher Ebene seine neue Tora entgegen. Der Verzicht auf Vergeltung ist zwar in vielen Kulturen tief verankert, bleibt auch in der Tora nicht auf die Volksgenossen beschränkt, sondern bezieht etwa in Lev 19 auch die mitwohnenden Nichtisraeliten mit ein. Aber ein solch explizites Gebot der Feindesliebe wie in der Bergpredigt ist religionsgeschichtlich einzigartig (vgl. Horn 2017). Zentral ist die sachliche Analogie: *Gottes Gewaltverzicht* stellt das Vorbild dar. Jesus ist kein Ethiklehrer, auch kein Politiker, er richtet durch seinen Lebensvollzug, die Sammlung der Jünger und die Verkündigung des Evangeliums das Reich der Himmel auf Erden auf. Wo Jesus ist, da ist Gott. – Das ist der Kontext der Bergpredigt. Jeder Leser kann gewiss seinen eigenen Kontext aufrufen und in der Nachfolge und Bindung an Jesus und den Vater, den er im Vaterunser-Gebet anredet, seine ethischen Maxime formulieren. Die möglichen Extreme einer solchen Radikalisierung sollten dabei auch im Blick bleiben: der Terror der Tugend auf der einen Seite und auf der anderen die Zurückweisung der Forderungen als naiv angesichts der herrschenden Verhältnisse. Als kanonischer Text provoziert die Bergpredigt dauerhaft und unverändert; wir Leser werden ständig herausgefordert, miteinander an der Auslegung zu arbeiten.

Den neutestamentlichen Kontrast zur Bergpredigt liefert der Römerbrief:

> „1a *Jedermann unterstelle sich den übergeordneten Ordnungsmächten.* b *Denn* es gibt keine Ordnungsmacht, sie sei denn von Gott. c Welche es aber gibt, die sind von Gott eingesetzt. 2a *Darum*: Wer sich der Ordnungsmacht widersetzt, der widerstrebt Gottes Anordnung; b die ihr aber widerstreben, ziehen sich selbst das Gericht zu. 3a *Denn* die Herrschenden stellen keinen Schrecken dar für die, die Gutes tun, sondern für die, die Böses tun. b Willst du aber die Ordnungsmacht nicht fürchten? Dann tue Gutes, so wirst du Lob von ihr erhalten. 4a *Denn* sie ist Gottes Dienerin, dir zum Guten. b Tust du aber Böses, so fürchte dich; c sie trägt ja das

Schwert nicht umsonst. d *Denn* sie ist Gottes Dienerin, Rächerin zum Zorn(gericht) an dem, der Böses tut. 5a *Darum* ist es notwendig, sich unterzuordnen, nicht allein wegen des Zorn(gerichts), b sondern auch aus dem Gewissen heraus. 6 *Deshalb* zahlt ihr ja auch Steuern; denn sie sind Gottes Diener und damit unablässig befasst. 7a *So* gebt nun jedem das Geschuldete: b wem Steuern die Steuern; c wem Zoll den Zoll; d wem Furcht die Furcht; e wem Ehre die Ehre." (Röm 13, 1-7 mit Vers- und Satzangabe, Hervorh. d. Verf.)

Die in Vers 1a genannten Ordnungsmächte bezeichnen nach damaliger Verwaltungssprache Ämter und Behörden im römischen Kaiserreich. Wie aus den Versen 6 und 7 ersichtlich, handelt es sich vor allem um die unteren städtischen Instanzen, mit denen die Gemeindeglieder im Alltag zu tun haben; sie kennen das städtische Amtspersonal, vor allem seinen Unterbau samt seinen Stärken und Schwächen. In der eigentümlich tautologisch anmutenden Wendung „übergeordnete Ordnungsmächte" dürfte das Partizip das Nomen noch einmal spezifizieren. Thema sind nicht irgendwelche diffus Loyalität fordernden Autoritäten irgendwo und irgendwann, sondern die jedermann jeweils hier und jetzt effektiv übergeordneten, regierenden, zuständigen Gewalten. Warum nun müssen die in Vers 7 genannten örtlichen Steuerbehörden und Zollverwalter mit der ja nicht mehr überbietbaren Pathosformel „Diener Gottes" qualifiziert werden? Diese Statuszuschreibung – und für die Adressaten vielleicht erhebliche Zumutung – kann augenscheinlich nicht ohne eine Begründung auskommen, die sie erträglich macht, gegebenenfalls sogar plausibel, wenn nicht sogar überzeugend und zustimmungsfähig. Der Autor liefert sie reichlich und bietet zwei Argumentationsmuster auf. Er begründet sein Votum zum einen theonom-sozioökonomisch: „von Gott bestellte Diener", zum anderen normativ-sittlich, verstärkt durch die eschatologische Gerichtsandrohung: „für das Gute – auch der Adressaten – und gegen das Böse". Und dann spielt er die Erarbeitung eines darauf bezogenen

Überlegungsgleichgewichts in zweifacher Hinsicht seinen Adressaten und ihrem Urteil zu. Zunächst müssen sie sich nur die in Vers 2 konstatierte Furcht vor der peinlichen Bestrafung und darauf rekurrierend die entsprechenden Hinweise in den Versen 3-5a vor Augen führen. Den eigentlichen Ausschlag aber gibt die Klimax der gesamten Komposition in Vers 5b: Die adressierte Gemeinde soll ihr Urteil aus kritischer Gewissenseinsicht heraus fällen. Und mit dieser Weise der Anerkennung der Herrschaftsgewalt stand Paulus nun keineswegs allein, sie war allgemein üblich. Auf diesem Legitimitätsglauben ruhte die politische Herrschaft der gesamten damaligen zivilisierten Welt im Allgemeinen und der imperialen Großraumordnung im Besonderen. Es galt als selbstverständlich, geordnete Herrschaft zu begrüßen und zu unterstützen und die Strafe der Götter nicht durch eigennützige Insubordination und Rebellion auf das Gemeinwesen herabzurufen.[1]

Allerdings modifiziert Paulus das Schema, zwar nicht innerhalb der Verse 1 bis 7, sondern in ihrem Kontext durch die eschatologische Distanzierung von „dieser Welt" in der Rahmung des zweiten Hauptteils des Briefes Röm 12-15, also in Röm 12,1-2, und im Verweis auf die spezifisch christlich-eschatologische Hoffnung auf den Tag des Herrn in den unmittelbar anschließenden Versen Röm 13,8-14. Der Text weist in seinen Legitimationsargumenten keine Anspielung etwa auf eine herrschaftsmythologische Konzeption einer kosmisch zeitlosen Pyramide mit den drei Ebenen Gott – Kaiser – Untertanen, in der die Untertanen nur vermittelt durch den Kaiser mit Gott kommunizieren können, auf. Es ist kein Bezug zu den politischen Strukturen im Übergang von der Republik zum Prinzipat erkennbar. Wir lesen nur von den in den Versen 6

---

1 Vgl. die hellenistisch-römischen Belege bei Friedrich et al. (1976, S. 135f.); zu den jüdischen Belegen vgl. Friedrich et al. (1976, S. 145) sowie Lohse (2003, S. 357f.).

und 7 angedeuteten Instanzen der Staatsmacht als Diakonen und
Liturgen Gottes. Auch dem subalternen städtischen Steuereintrei-
ber ist nicht um des Kaisers oder des Imperiums willen, sondern
direkt um Gottes willen Folge zu leisten. Das ist die Funktion der
theonomen Begründung. Ist Gott also nicht Teil der Ordnung,
auch nicht ihre Spitze, dann erscheint die göttliche Anordnung
und Beauftragung der römischen wie jeder anderen Ordnung
beweglich und revisionsoffen und keineswegs von Anbeginn
der Schöpfung als tragende Säule des Kosmos. Vom Anfang der
Schöpfung an regiert nur der Logos. Liegt die Zuständigkeit heute
bei den römischen Provinzialverwaltungen, kann sich das schon
morgen ändern. Was die städtischen und provinzialen Staatsorgane
und -personen zu Stand und Wesen bringt, ist aus apostolischer
Sicht einzig, dass sie von dem einen Gott heraufgeführt und er-
mächtigt sind, also nicht von paganen Göttern, sondern von dem
Gott Israels, der Christus von den Toten auferweckt hat. Gott setzt
seine Diener ein, das Gute zu wahren und dem Bösen zu wehren.
Die Unterscheidung von Gut und Böse wird wie schon in Röm
12,17 ganz selbstverständlich eingeführt. Der Legitimitätsglauben
wird in den Versen 3 und 4 mit der Unterscheidung von Gut und
Böse in das Licht einer qualitativen Normierung gestellt, und diese
wiederum – das bezeugt der spätere Verweis auf den Dekalog in
Vers 9 – dient der Erhaltung des Guten, das folglich gegen das
Böse gesichert werden muss (vgl. Wilckens 1974, S. 203ff.). Nur
um dieser lebensdienlichen Normierung willen setzt Gott die
Mächte als seine Diener ein (Vers 6). Auf jeden Fall ist Herrschaft
weder durch ein anonymes höheres Schicksal noch durch einen
naturrechtlich, etwa hierarchisch oder eugenisch ausgezeichneten
Status oder als Bollwerk gegen das Chaos legitimiert, sondern durch
Gott und seine, den guten Kosmos um der Heilsgeschichte willen
erhaltende, Anordnung.

Was bedeutet das für die Loyalität nicht nur der Gemeindeglieder, sondern aller Menschen? Soll Röm 13,1 keine Tautologie sein, dann nur insofern jedermann die Organe, denen er de facto untergeordnet ist, auch nicht zu respektieren gewillt sein kann. Man muss das gar nicht kategorisch ausschließen (vgl. Schnabel 2016, S. 674f.).[2] Aber Paulus schweigt über Alternativen politischen Handelns, darauf kommt es ihm offensichtlich nicht an. Es geht ihm um eine ganz andere Alternative:

> „Trachtet nicht nach hohen Dingen, sondern haltet euch zu den niedrigen. Haltet euch nicht selbst für klug. Vergeltet niemandem Böses mit Bösem. Seid auf Gutes bedacht gegenüber jedermann. Ist's möglich, soviel an euch liegt, so habt mit allen Menschen Frieden. Rächt euch nicht selbst, meine Lieben, sondern gebt Raum dem Zorn Gottes; denn es steht geschrieben: ‚Die Rache ist mein; ich will vergelten, spricht der Herr.' Vielmehr, ‚wenn deinen Feind hungert, so gib ihm zu essen; dürstet ihn, so gib ihm zu trinken. Wenn du das tust, so wirst du feurige Kohlen auf sein Haupt sammeln'. Lass dich nicht vom Bösen überwinden, sondern überwinde das Böse mit Gutem." (Röm 12,16b-21)

Nimmt das nicht den Ton der Bergpredigt auf? Wie passt dann Römer 13 dazu? Ein möglicher Grund für die Einschaltung der fast schroff klingenden klärenden Anweisung (deiktischen Paraklese) in die Reihung eher väterlich anmutender Mahnungen kann aus dem Kontext erschlossen werden. Paulus fügt eine sehr knappe, realistisch-nüchterne Einweisung in die Gesetze dieser Welt in eine im Übrigen doch enthusiastische Entfaltung des neuen Gesetzes Christi ein. Das rigorose Gesetz der Herrschaftsgewalt wird vom bittenden Gesetz der Liebe (2. Kor 5,19-21) im Ton deutlich unterschieden. Was das Verhältnis zur Herrschaftsgewalt betrifft, zitiert

---

2 Schnabel (2016, S. 698f.) betont selbst den nicht geringen Handlungsspielraum auch einzelner römischer Christen.

Paulus die in der gesamten Umwelt durchaus üblichen Argumente
für eine insofern gut begründbare und bewusst entschiedene Unterordnung. Und das schließt wiederum zwar nicht in der Form,
wohl aber inhaltlich exakt an die fünf vorangehenden Verse an.
Die Unterordnung unter das Gesetz der Herrschaftsgewalt ist keineswegs ein Verrat am Gebot der Liebe, auch nicht seine vorüber-
gehende Aussetzung, sondern im Gegenteil seine konsequente
Befolgung bis zum Äußersten, zur Feindesliebe. Aus Liebe zu Gott
und dem Nächsten fügt sich der römische Christ dem Gesetz der
römischen Herrschaftsgewalt und tut damit nichts anderes, als
was jedermann aufgetragen ist. Ausschlaggebend ist das theoauto-
nome Gewissen der römischen Christen, das der Mahnung eines
in Rom persönlich nicht einmal bekannten Mannes aus Korinth
aus Einsicht in die genannten Gründe folgen kann oder auch nicht.
In der Bezugnahme auf das Gewissen ist sich der Apostel übrigens
mit seinem Zeitgenossen Seneca und anderen philosophischen
Stimmen einig (vgl. Haacker 2006, S. 319). Wie auch immer sich
also die Machthaber und andere Bevölkerungsgruppen verhalten,
die Leser des Briefes enthebt es nicht der aus Nächsten- und Feindesliebe begründeten Pflicht, ihrerseits am Leitfaden des Dekalogs
und des Liebesgebots (Vers 9f.) das Gute zu suchen und das Böse
zu meiden und jede Bosheit – wenn es so kommt, auch die eines
römischen Liktoren – mit Güte zu überwinden. Bestehende Herrschaftsverhältnisse werden damit akzeptiert, aber nicht unkritisch
und auch nicht unpolitisch, denn die von Paulus unterrichteten
Gemeinden wissen, warum sie so handeln, wie sie handeln. Für sie
ist allein Gott Inhaber des Gewaltmonopols, und er allein erwählt
sich dazu seine Diakone und Liturgen. Sie selbst streben folglich
nicht nach hoheitlicher Gewalt und anderen „hohen Dingen", sie
wirken aber „von unten" auf sie ein.

2.2   Zwei-Reiche-Lehre

In den bisherigen Überlegungen hat sich eine Zwei-Reiche-Lehre mit dem Gegenüber der beiden Gesetzessphären allenfalls angedeutet. Sehr viel stärker ist die Überwindung des Bösen durch die geduldig liebende Güte ins Auge gefallen. Durch ihre Loyalität flankieren, respektieren und stabilisieren die römischen Hausgemeinden ihrerseits die wahre Natur und Bestimmung der Ordnungsmächte und des durch sie vertretenen Gesetzes der Herrschaftsgewalt und partizipieren damit eigenverantwortlich an der Erhaltung einer „guten" Herrschaftsordnung, die sie überdies mit der Erfüllung ihrer Tribut- und Steuerpflichten mittragen. Durch ihr generelles Verhalten handeln sie implizit, durch die konkrete und gebührende Erfüllung von Steuer-, Zoll- und anderen Auflagen sogar explizit vielleicht nicht ihrem Selbstverständnis, aber der Sache nach politisch. Über diese passiven Pflichten hinaus kommen aktive nicht in den Blick – und sollen auch nicht in den Blick kommen: „Trachtet nicht nach hohen Dingen" (Röm 12,16). In Begriffen gewaltenteiliger Herrschaftsmodelle formuliert nimmt der Apostel nur auf die exekutive und judikative Funktion von Herrschaft Bezug. Und auch diese beiden werden lediglich aus der Rolle der Unterstellten, nicht aber der Funktionsträger der Exekutive, betrachtet. Eine Sichtweise aus der Position der politischen Macht lag außerhalb des Horizonts jüdischer Diasporagemeinden, in denen sich der Apostel bewegte. Die gesamte Sphäre einer möglichen Teilhabe an staatskonstitutiven und legislativen Funktionen, Überlegungen zum Imperium, zu Staat und Politik und deren Bedarf an theologischer Legitimation treten überhaupt nicht in seinen Fokus. – Was kommt stattdessen in den Blick? Zentral ist das Liebesgebot. Es ist allen Gesetzen gesellschaftlicher Elementarfunktionen und damit auch jeglicher Politik vor- und übergeordnet. So wird das Politische von jeder immanenten theologischen Begründung entlastet. Nur

aus der Perspektive des Gewaltverzichts Gottes kommt es zu der
Aufforderung, zwischen einem „Regiment der gewaltlosen Liebe"
und einem „Regiment der lieblosen Gewalt" zu unterscheiden.
Eine Zwei-Reiche- oder Zwei-Regimenten-Lehre ist in den sieben
Versen freilich nicht auszumachen. Dem „Reich zur Linken" wird
nur die denkbar geringste Aufmerksamkeit zuteil.

Das Bild ändert sich jedoch, wenn mit den Kapiteln 12 bis 14
der Kontext einbezogen wird. Die von Gott gestiftete Ordnung ist
zwar im Binnenverhältnis der Gemeindeglieder und nach außen im
Blick auf die Nachbarschaft und Öffentlichkeit sowie im Verhältnis
zu den Ordnungsmächten nach den gleichen Kriterien „Gut versus
Böse" angeordnet. Gleichwohl wird die derart einheitlich normierte
Ordnung im Inneren und Äußeren auf sehr unterschiedlichem
Niveau und in sehr unterschiedlicher Weise gestützt. Erst wenn
man die Aussagen entsprechend zusammenstellt, zeigt sich ein
Muster (vgl. Theißen und von Gemünden 2016, S. 82f.):

Die Gemeinden sollen prüfen, was gut ist (12,2) und Gutes tun (13,3).	Die Behörden sind bestellt, das Gute zu fördern (13,3f.).
Die Gemeinden sollen das Böse mit Gutem besiegen (12,21).	Die Behörden sind eingesetzt, das Böse mit Schrecken und Waffengewalt zu bekämpfen (13,4).
Die Gemeindeglieder sollen einander nichts als Liebe schulden (13,8).	Die Behörden fordern das Geschuldete ein (13,7).
Die Gemeinden sollen dem Zorn und der Rache keinen Raum geben und Gott die Sanktionsgewalt überlassen (12,19f.).	Die Behörden treten als „Rächer" und „Vollstrecker zum Zorn" auf (13,4).
Die Gemeinden sollen sich dieser Welt nicht gleichstellen (12,2).	Das Wesen dieser Welt vergeht (1 Kor 7,31).

Es gibt also zwei Bilder der Konfrontation von „Gut versus Böse".[3] Nach Paulus sind an die Behörden und ihr Auftreten andere Maßstäbe anzulegen als an die Gemeinden. Erstere kennen rechtssanktionierende Gewalt, letztere nicht, sie folgen dafür dem Gebot der Liebe, was von den ersteren nicht erwartet wird. Dem besonderen Ethos der Barmherzigkeit, der Liebe und der freiwilligen Selbstbeschränkung der Starken um der Schwachen willen in der neuen Lebensform der urchristlichen Gemeinden steht ein allgemeines Ethos der ordnenden Macht und des bürgerlichen Anstandes in der gewohnten Lebenswelt gegenüber. Das Ethos der Liebe umgreift das Ethos des Anstandes, ersetzt es aber nicht. Die Liebe freut sich immer, wenn die Ungerechtigkeit ab- und die Wahrheit zunimmt. Geschieht dies nicht, bringt es die Liebe dennoch nicht ins Wanken: „Sie erträgt alles, sie glaubt alles, sie hofft alles, sie erduldet alles. Die Liebe hört nimmer auf" (1 Kor 13,6-8). Das alles wird von den Machthabern nicht gefordert und erwartet.

3 Korrespondenzen zwischen Religion und Politik

3.1 Dogmatik und Ethik christlicher Praxis

Spätestens seit dem erfolgreichen Aufstieg des Christentums zur Weltreligion können sich Christen der politischen Verantwortung nicht mehr entziehen. Welche Orientierung gibt ihnen aber ihre Tradition über die schlichte Unterscheidung zwischen Gut und Böse hinaus? Weil der liebende, bittende und leidende Christus

---

3 Auf diese Parallelismen können sich spätere Zwei-Reiche-Lehren berufen (vgl. Anselm 2004, 2006; Härle 2004), die aber heute besser durch differenzierte Hermeneutiken des Zusammenwirkens von Gott und Mensch ersetzt werden.

zur Rechten des Vaters sitzt, ist er uns immer und überall nahe.
Alle Menschen stehen unter dem Anspruch beider Ordnungen,
und beide Ordnungen sind trotz grundlegender Differenzen sowohl in der Höhe des Anspruchs als auch in der Wahl der Mittel
gemeinsam auf das Gute ausgerichtet. Angesichts dieser Konstel-
lation von Gemeinsamkeiten und Verschiedenheiten kann sich
die christliche Theologie in der Sphäre des Politischen ethisch
nur mittels Affinitäten, Entsprechungen, Erkennungsmustern und
Korrespondenzen orientieren und nur metaphorisch offene Weisungen und Mandatierungen (vgl. Bonhoeffer 2010) formulieren.
Somit stellt sich die Frage: Wie komme ich in der Ethik von einer
mythischen Figur zu einem logischen Schluss? Es funktioniert
ganz offensichtlich nicht, Weisungen aus Äquivokationen oder
vordergründigen Parallelen abzuleiten. Plausible Korrespondenzen
können nur so entwickelt werden, dass man innerhalb des Mythos
aus dem Material zum Sinn aufsteigt und den Sinn mythisch
formuliert. Erst wenn das gelungen ist, kann der Sinn sodann in
Alltagssprache und -praxis, in begrifflich-diskursiv gefasste Er-
kenntnis oder in künstlerisch-virtuose Formen übersetzt werden
und der Abstieg in das jeweilige Material der symbolischen Formen
des Politischen beginnen. Man wird vergeblich nach Analogien
im logisch strengen Sinne[4] suchen, durchaus aber Affinitäten zu

---

4   Eine Analogie im Sinne einer logischen Gleichung wird dann gezogen,
    wenn eine Lücke geschlossen und eine offene Frage gelöst werden soll.
    Tauglich sind Analogieschlüsse, wenn Ähnlichkeiten beispielsweise in
    der Biologie zwar unabhängig voneinander entstanden und sehr ver-
    schieden aufgebaut sind, aber die gleiche Funktion erfüllen. Im Recht
    erweitert der Analogieschluss den Geltungsbereich einer anerkannten
    Regelung einer Fallgruppe auf bisher ungeregelte Fälle. Dazu müssen
    die Fallgruppen in ihrer Funktionalität übereinstimmen. Analogien
    taugen also nur innerhalb eines Genus. Eine Ethik, insbesondere eine
    theologische Ethik in einem öffentlichen Weltanschauungsdiskurs
    muss dagegen verschiedene Genera überbrücken.

schätzen lernen. Will die Theologie also nicht sprach- und orientierungslos bleiben, sind methodische Entscheidungen zu treffen, wie dogmatische und ethische Gesichtspunkte systematisch aufeinander bezogen werden sollen.[5] Man kann der Ethik den Vorrang geben und dies damit begründen, dass sie originären Intuitionen folge, die dogmatischen Lehrstücke ihren wahren Sinn ohnehin erst in der funktionalen Auslegung einer Ethik offenbaren und das Ethos moderner Gesellschaften ohnehin implizit christlich geprägt sei. Dann aber läuft man Gefahr, die Quellen der Glaubenslehre nur noch selektiv, nämlich durch die Brille einer „herrschenden" Ethik, zu lesen und nivelliert ihr kritisches Potenzial. Wer jedoch der Dogmatik den Vorrang gibt, steht in der Versuchung, aus der biblischen Offenbarung eine Weltsicht und Wirklichkeitsdeutung herauszulesen, für die die Ethik dann nur noch die per Analogie und Fortschreibung zu treffenden Ableitungen zu liefern habe. Auch bei dieser Zuordnung geht die kritische Distanz verloren. Deshalb hat eine christliche Ethik des Politischen dem Befund Rechnung zu tragen, dass sowohl die Dogmatik als auch die Ethik je für sich das christliche Leben ihrer Zeit auslegen. Beide Disziplinen sind Menschenwerk und müssen sowohl im Zuge kritischen Hörens (Dogmatik) als auch im Zuge kritischen Handelns (Ethik) zwischen dem Wirken Gottes und dem Mitwirken des Menschen unterscheiden. Beide folgen Intuitionen und erzeugen Kontexte, die der Auslegung bedürfen, deren hermeneutische Voraussetzungen zu klären sind, die sich wiederum in Form und Inhalt im Austausch mit der Philosophie und der Praxis ihrer Zeit ausbilden. Dabei bleibt der Dialog unerlässlich. Ohne wechselseitige Korrespondenz, Bezugnahme und kritische Korrektur kann eine

---

5　Deren Verhältnis ist in der evangelischen Theologie in den 1970er und 1980er Jahren intensiv diskutiert worden (vgl. Rendtorff 1990/91a, S. 42ff.).

ethische Theologie nicht ethisch im Sinne praktischer Sensibilität und aufgeklärter Pluralität argumentieren und eine theologische Ethik nicht theologisch im Sinne philologischer Sensibilität und authentischer Verwurzelung (vgl. Reuter 2015, S. 23f.).[6]

Bei der Anlage einer christlichen Ethik ist es hilfreich, je gesondert auszuführen, was mit „christlich" und „ethisch" gemeint sein soll, bevor beides miteinander verbunden wird. Wer ein *christliches Leben* führen will, richtet sein Handeln am christlichen Ethos als Summe christlicher Pflichten, Güter und Tugenden aus. Dieses Ethos versteht christliche Praxis aus dem Geist und nach dem Gesetz Christi und als Mitwirkung des Menschen beim Handeln Gottes. Eine *ethische Theologie* im Sinne einer methodischen Selbstprüfung praktischer christlicher Gotteserkenntnis (vgl. Mühling 2012, S. 46ff.) analysiert Fälle individueller christlicher Lebensführung und das sie leitende ethische Bewusstsein, vergewissert sich der Mythen, Dogmen, des Ethos und der Praxis und trägt über die „theologische Deutung der Lebensführung" (Rendtorff 1990/91a, S. 39) und die Darstellung der „Art der Grundannahmen, denen wir in unserem Handeln zu entsprechen suchen" (Rendtorff 1990/91a, S. 40) zur Bildung starker Überzeugungen bei, und sei es auch in nur schwachen Gemeinschaften von Gemeinden und Kirchen. Der moderne *ethische Diskurs* wiederum ist dadurch definiert, dass seine Teilhaber sich in ihrer Lebensführung als freie Wesen – und somit wechselseitig – und angesichts von Konflikten als handlungs- und zurechnungsfähig anerkennen und respektieren. Sie sind Träger gleicher Würde und in Anerkennung der Differenzen im Blick auf ein individuell gelebtes partikulares Ethos Teilhaber gemeinsamer ideeller und materieller Güter.

---

6   Zum Programm einer ethischen Theologie vgl. Anselm (1992) und zur öffentlichen Theologie vgl. Sinner (2011).

Die christliche Lebensführung wird damit in zwei Kontexten betrachtet: zum einen als *ethische Theologie* im Kontext eines christlichen Ethos, das übliche Maximen einer christlichen Art zeitgenössischer Alltagsbewältigung versammelt, und zum anderen als *theologische Ethik* im Kontext eines ethischen Diskurses, der dieses Ethos noch einmal gedankenexperimentell mit jedem anderen denkbaren Ethos kritisch abgleicht und dabei einen kohärenten und endlichen Vorrat gemeinsamer, also kultur- und religionsinvarianter, sprich „säkularer" idealer und materieller Güter als Maßstab anlegt. Mit ihrer Bereitschaft, sich aus eigener theologischer Verantwortung auf Ethik befragen zu lassen und sich produktiv am säkularen Diskurs über Ethik zu beteiligen, erklärt sich die christliche Theologie dazu bereit, sich nicht nur intern, sondern auch nach außen zu verständigen. Sie beansprucht kein Privileg, sondern tritt mit allen anderen Wirklichkeitsdeutungen vor die von allen gemeinsam getragene Jury der durch wechselseitige Anerkennung und Respekt konstituierten „praktischen Vernunft". Wer sich dieser Jury entzieht und seine Sicht der Dinge in den Rang einer objektiv gültigen Naturordnung erhebt, aus der er dann unabweisbare und alleingültige Folgerungen für das naturgemäße Handeln zieht, mag einige Andere überzeugen, aber hört er auch Anderen zu? Jede noch so komplexe Natur- oder Sozialphilosophie – sei sie realistisch oder idealistisch, kreationistisch oder evolutionär, statisch-zyklisch oder teleologisch-dynamisch, christlich oder atheistisch, liberal oder konservativ – ruht am Ende auf hypothetischen Imperativen und bleibt allgemein unverbindlich (vgl. Geismann 1974, S. 20ff.). Menschen allgemein und unter Androhung von Zwangsmitteln auf vergängliche Konstellationen und heteronome Zwecke zu verpflichten, spräche ihnen ihre Würde ab. Wer sich zu einer solchen Inpflichtnahme verführen ließe, handelte zutiefst unsittlich. Er böte sich als Agent einer von Menschen willkürlich errichteten Herrschaftsordnung an.

3.2 Herausforderungen einer freien und allgemeinen Rechtsordnung

Wer sich dem Anspruch einer freien und allgemeinen Rechtsordnung verpflichtet sieht, stelle je nach Betroffenheit nur eine einzige Frage: Berührt eine Willkürhandlung die Willkürhandlung auch nur eines anderen Menschen in erheblichem Umfang, also mit eindeutigem Handlungsbezug? Dann sind beide unter einem gemeinsamen Gesetz der Freiheit miteinander in Verhandlung zu bringen. Der Gesetzgeber hat ausschließlich den auf diesem Weg gewonnenen Bestand der Rechte seiner Bürger rückblickend und vorausschauend zu kodifizieren. Wenn es denn einen rechtsethischen Grundsatz gibt, so kann dieser nur darin bestehen, jegliches Recht ohne Rücksicht auf eine „Ethik des Guten" strikt auf Grundsätze einer „Ethik des Gerechten" zu beschränken:

> „Verbindlichkeit für einen Willen kann nur etwas haben, was für diesen Willen den Charakter der unbedingten Notwendigkeit und also eines kategorischen Imperativs hat. Unmöglich kann dies ein fremder Wille sein, geschweige denn irgendein Zweck als ein von diesem fremden Willen gesetzter; denn die *gesetzliche* Abhängigkeit eines Willens von einem anderen Willen bedeutet nichts anderes als die *totale* Aufhebung des ersteren. Mithin kann der Grund einer Verbindlichkeit nur im eigenen Willen liegen. Dieser *muss* es wollen können, ohne nämlich mit sich selbst in Widerspruch zu geraten, d.h. ohne ein Wille zu sein, der sich dem Prinzip nach selbst aufhebt" (Geismann 1974, S. 46).

Die freien Bürger müssen sich dabei allerdings dessen bewusst sein, dass sie so die volle Mitverantwortung für die Herrschaftsordnung übernehmen. In dem Maße, in dem sie sich bis in die Sphäre des global Politischen hinein als Vernunftwesen und damit als Teilhaber der Volkssouveränität und Menschenrechte ernst nehmen, können sie die Mitverantwortung für die Herrschafts- und Gewaltordnung nicht mehr abgeben. Sie können das weltweite Konfliktgeschehen und den Streit um die Legitimation und den Gebrauch von Zwang nicht wegprojizieren, keine naiven Pazifisten mehr sein, durchaus aber „realistische" Pazifisten aus persönlichen Gewissensgründen oder Rechtspazifisten, insofern sie im Vollzug des gemeinsamen Austritts aus dem Naturzustand auf jegliche Gewalt verzichten und mit dem synchronen Eintritt in den Rechtszustand die nunmehr hoheitlich monopolisierte Gewalt dem gemeinsam gewählten Recht unterwerfen. Der christlich-theologische Grund, sich produktiv in den säkularen ethischen Diskurs über Moral und Recht einzubringen, liegt in dem in der vorstehenden Römerbriefexegese angezeigten Ethos der Liebe, das systematisch als „kommunikative Freiheit" interpretiert werden kann (vgl. Huber 2012).

3.3 Das christliche Bekenntnis zum freiheitlichen Rechtsstaat

Eine aufgeklärte christliche Theologie versteht die Konstitution politischer Ordnung nicht mehr aus einem vorkritisch statischen Naturrechtsverständnis, sondern favorisiert den im Folgenden am Beispiel Kants vorgestellten Vertragstheorien. Dieser nimmt die ethischen Prinzipien der Naturrechtstradition in der Weise auf, dass in der Verfassungsordnung „bestimmte elementare Grund- und Menschenrechte der Disposition des politischen Souveräns ausdrücklich entzogen werden und so die Verfassung als ein normatives Kriterium fungiert, vor dem das jeweilige politische Handeln zur Rechenschaft gefordert ist" (Rendtorff 1990/91b, S. 26). Mit dem Begriff der „Anerkennung" schließt sich die theologische an die aufgeklärte philosophische Grundlegung des Rechtsbegriffs an:

„Für die Legitimität oder moralische Gültigkeit des Rechts ist
entscheidend, ob es dazu verhilft, dass Menschen einander wechselseitig anerkennen; es kommt darauf an, ob sie einander bei
allen Unterschieden als Gleiche begegnen können. Auf der Basis
wechselseitiger Anerkennung soll das Recht durch ein Gefüge
von Ansprüchen und Pflichten Konfliktlösung ermöglichen und
Kooperation eröffnen" (Huber 2015, 128).

Die Verweigerung der Anerkennung ist der ethische Bekenntnisfall.
Und insofern der Staat diejenige soziale Form ist, die die stetige
Verbindlichkeit der Rechtsordnung garantiert und sich selbst erst
damit zur Qualität des Politischen erhebt, gebührt dem Staat aus
der Perspektive christlicher Ethik und in Ableitung aus der Idee
des Rechts und dem Prinzip der Menschenwürde ein hoher Rang
in einer ethischen Güterlehre.

In den theologischen Debatten nach 1945 vollzog sich ein
Wandel von einer theologischen Begründung des Rechts hin zu
einer „Rechtsethik in theologischer Perspektive" (Reuter 1996,
S. 17). Nach 1945 sollte es weitere vierzig Jahre dauern, bis die
Demokratiedenkschrift der EKD von 1985 nicht nur die politische
Rolle der Kirche, sondern ein differenziertes theologisches Ver-
ständnis von Recht, Politik und Staat zu artikulieren vermochte
(EKD 1985; vgl. Rendtorff 1990/91b, S. 74ff.). Ein an Immanuel Kant
orientiertes freiheitliches Demokratieverständnis erkennt dem
Staat die Rolle einer Institution zweiter Ordnung gegenüber dem
ideellen und materiellen Leib, Leben und Eigentum einer Person
und ihrem sozialen und privatrechtlichen Status in Freundschaft,
Ehe, Familie, Haus, Verein, Arbeit und Wirtschaft als Institutionen
erster Ordnung zu. Politik im Sinne staatlich verfassten Handelns
kann all dies gewiss nicht erzeugen, sie kann aber eine Rahmen-
ordnung bereitstellen, die die vorrangigen Institutionen entweder
behindert, stört, verletzt, unterdrückt und vernichtet oder aber
freistellt, fördert, vermittelt, verregelt, unterstützt und schützt.

Das bestätigt insbesondere die Rolle der Religionsfreiheit als Urform bürgerlicher Freiheit im Sinne des Menschenrechts und als Zielrichtung der aus Römer 12-14 gewonnenen Zwei-Reiche-Lehre (vgl. Rendtorff 1990/91b, S. 78).

Die Religionsfreiheit als Strukturmerkmal des demokratischen Rechtsstaats und verstanden als Freiheit von und Freiheit zu positiver Religion ist alles andere als die Behauptung, der freiheitliche demokratische Rechtsstaat lebe „von Voraussetzungen, die er selbst nicht garantieren kann" (Böckenförde 1991, S. 92), und bei diesen sei an positive Religion zu denken (vgl. Böckenförde 2007; Große Kracht 2014). Zur Legitimation des freiheitlich demokratischen Rechtsstaats reicht die manifeste, äußerliche politische Willensbildung der Bürger. Indem sie im Zuge dieser Willensbildung nicht nur um einzelgesetzliche Lösungen streiten, sondern auch um die Verfahren und Institutionen der Willensbildung kämpfen, beschreiten sie unterschiedliche Pfade der Legitimierung. Auch dieser Streit der Legitimitäten ist nicht theologisch zu lösen. Allein die freie Zustimmung zu den Regeln kommunikativer Macht in Gestalt des permanenten demokratischen Lern- und Verhandlungsprozesses durch Gesetzgebung, Rechtsfindung, Rechtspflege und Rechtstreue und des Universalismus des guten Beispiels begründet das Recht und den diesem verpflichteten Staat. Der erste Vers von Römer 13 ließe sich dann in folgender Weise paraphrasieren:

> „Jedermann konstituiere, exekutiere und judiziere die Staatlichkeit des Gemeinwesens, in welche das von Gott ihm zugedachte Schicksal ihn gestellt hat. Denn es gibt keine Institutionen erster Ordnung und darauf aufbauend weiterer Ordnungen, sie seien denn von Gott. Wo diese aber ein Gemeinwesen bilden, ist dies von Gott bereitgestellt."

So interpretiert ginge es in Römer 13 nicht um die *Legitimation* von Herrschaft und die Bewirkung eines Legitimationsglaubens bei allen Beherrschten, sondern um die *Motivation* von Christen zur tätigen Mitwirkung am Wohl eines (ihnen zuweilen sogar feindselig gestimmten) Gemeinwesens. Einer theologischen Begründung bedürfen nicht das Gemeinwesen und seine Institutionen, auch nicht die Regierungsform der Demokratie, um „dem Wankelmut, Individualismus und auch der Irrationalität der Wähler die orientierungsstiftende Kraft der eigenen Soziallehre entgegenzuhalten" (Anselm 2015, S. 223), sondern die Beiträge der eigentlich mit Wichtigerem befassten Christen. Die Liste, die der Apostel exemplarisch angelegt hat – Zoll, Steuern, Ehre, Furcht –, ließe sich beliebig um alle Lieferungen und Leistungen, deren das Gemeinwesen bedarf, verlängern, weil sie das Prädikat „gut" verdienen. Und ihre *politische* Bewährung erfahren diese nicht so sehr in den innergemeindlichen Debatten, sondern in den Verhandlungen und Kämpfen in der Gesellschaft, denn: „Die politische Verantwortung ist im Sinne Luthers ‚Beruf' aller Bürger in der Demokratie" (EKD 1985, S. 17).

> „Die Kirchen können sich für die Einhaltung der Spielregeln und insbesondere für den Respekt vor der Gleichheit und der Freiheit aller Bürger stark machen, ihnen obliegt es aber nicht, eine bestimmte Fassung des Gemeinwohls für verbindlich zu erklären" (Anselm 2015, S. 228f.).

Der Theologe Rainer Anselm (2015, S. 229ff.) macht dies geltend für die protestantischen Positionen in den Kämpfen um die Wiederbewaffnung Westdeutschlands und die nukleare Teilhabe in den 1950er Jahren und die Ostpolitik, das Sozial-, Familien- und Sexualstrafrecht in den 1960er und 1970er Jahren. Durch ihre innere Pluralisierung beugt die Kirche nicht nur dem religiösen Fanatismus vor, sondern unterstützt das Komplexitätsniveau moderner Gesellschaften ganz allgemein.

4 Frieden durch Recht

4.1 Immanuel Kant zu Recht und Staat

Das moralische Gesetz erinnert und ermahnt zunächst nur den einzelnen Menschen, im Sinne seiner Bestimmung zur Freiheit zu handeln und sich selbst treu zu bleiben. Das Rechtsgesetz dagegen hilft vom Ansatz her allen Menschen zu klären, wie sie ihre Vergemeinschaftungen und Vergesellschaftungen vernünftig gestalten, was ihnen also gemeinsam nach reiflicher Überlegung in Feldern wie Arbeit, Bildung, Daseinsvorsorge, Gesundheit, Kultur, Sicherheit, Umwelt, Verkehr, Wirtschaft oder Wissenschaft sinnvoll und erstrebenswert erscheint. Im Medium des zwangsbewehrten Rechts schließlich legen die Menschen umfassend in Staatsverfassungen und in jedem der genannten Bereiche gesondert die Grenzen ihrer äußeren Freiheit fest. Postuliert die Ethik einschließlich der politischen Ethik mit dem Begriff des guten Willens die *innere* Freiheit *eines* Vernunftwesens, sich selbst ein Gesetz zu geben, welches mit seiner und der Freiheit aller anderen Vernunftwesen übereinstimmt, so ist für das äußere Zusammenleben *vieler* Vernunftwesen ein ebenfalls erfahrungsunabhängiger, rein rationaler Begriff zu finden, der eine äußere Freiheit in Gemeinschaft ermöglicht, und das ist das Recht. Es ist „der Inbegriff der Bedingungen, unter denen die Willkür des einen mit der Willkür des anderen nach einem allgemeinen Gesetze der Freiheit zusammen vereinigt werden kann" (Kant 1968 [1797], S. 230).[7] Bewusst ist hier von Willkür die Rede und nicht von Freiheit. Es geht nicht um den freien Willen,

---

7   In Auseinandersetzung mit Debatten um die deutsche Grundrechtsdogmatik vgl. Geismann (1974) und Kersting (2007, S. 79ff.); zur Debatte um das Verhältnis von Menschenwürde und Menschenrechten vgl. auch Rothhaar (2015, S. 187ff.).

sofern er sich über Neigungen, Triebe oder Bevormundung zu autonomer Selbstgesetzgebung und loyalem Engagement erhebt. Es geht nur um die Freiheit, tun oder lassen zu können, was man will, warum auch immer. Die äußeren Rechtsverhältnisse können also vernünftigerweise nicht beliebig gestaltet werden, sondern finden ihre Legitimation in ihrer Entsprechung zur Autonomie und Würde des Menschen; sie begründen diese nicht in ihrem Kern, aber sie ermöglichen, sichern und begrenzen ihre Anwendung im Rahmen gleicher Willkürfreiheit. Deshalb werden auch nicht intuitiv bestimmte Maximen wie in der Tugendethik, sondern präzise definierte Klassen von äußerlich identifizierbaren Handlungen voneinander unterschieden: Besitzansprüche vom Diebstahl, Vertragstreue vom Betrug und Wahrung körperlicher Unversehrtheit von Tötungshandlungen. Und es wird geklärt, inwiefern es diesbezüglich Sphären individueller Freiheit gibt und diese durch ein gemeinsames und gleiches Maß an Freiheit begrenzt werden. Wollte eine Rechtsgemeinschaft Freiheit vollkommen unbeschränkt ermöglichen, könnten die jeweils Stärkeren diese zulasten der Schwächeren ausüben und deren Freiheit schmälern. Will die Rechtsgemeinschaft weder eine totale noch gar keine Handlungsfreiheit gewähren, so muss sie nur allen ihren Mitgliedern die *gleiche* Handlungsfreiheit einräumen. Und eben dies leistet laut Immanuel Kant für die Sittlichkeit – und laut späteren Rechtsphilosophien auch für die Rechtsidee – der Begriff der Menschenwürde als Garant gleicher äußerer Handlungsfreiheit aller vernünftigen Subjekte unter einem gemeinsamen Gesetz (vgl. Pfordten 2016).

Die Rechtsidee gründet aber nicht auf der inneren Anerkennung durch das moralische Individuum, sondern auf der äußerlichen Anerkennung durch die Rechtsgemeinschaft. Daher ist es auch legitim, wenn diese diejenigen mit äußerlichen Mitteln dem Recht unterwirft, die das Recht eines Anderen brechen. Da es kein Recht

auf Rechtsbruch geben kann, bricht die Gewaltmaßnahme zur
Abwehr und Ahndung des Rechtsbruchs nicht schon per se das
Recht. Die Unterscheidung zwischen der inneren Freiheit des
Willens und der äußeren Freiheit des Handelns ist auch deshalb so
bedeutsam, da nach Kant nur die Sicherung der äußeren Freiheit
des Handelns einen ausreichenden Grund für eine allgemeine
Befehls- und Zwangsbefugnis und somit für die Legitimation von
Herrschaft in Gestalt eines Staates liefert (vgl. Geismann 1974,
S. 60f.; Kersting 2007, S. 91ff.). Dem Recht die Zwangsmittel zu
entziehen, bedeute die Rückkehr in den Naturzustand. – Gewiss,
Gewalt ist in der Welt, aber als naturgegeben hinzunehmen ist sie
freilich nicht. Die Ethik tritt der Gewalt ausschließlich mit der Kraft
des Argumentes entgegen, das Recht aber mit der Androhung und
Ausübung entschlossener Gegengewalt. „Das Vernunftrecht ist
nichts anderes als der Maßstab für die Gestaltung des positiven
Rechts und die Grundlage der darüber zu führenden allgemeinen
Diskussion" (Geismann 1974, S. 76). Jeder Übergriff gegen eine
rechtlich freigestellte Handlung ist rechtlich unerlaubt. Wer einen
anderen daran hindert, von seinen legitimen Rechten Gebrauch zu
machen, tut ihm Unrecht. Die Rechtsgemeinschaft als Ganze tritt
zwischen Täter und Opfer und garantiert beider Rechte, indem
sie jeglicher Freiheitsberaubung notfalls mit Zwangsmitteln als
äußerlicher Beförderung und Unterstützung der Freiheitswirkung
entgegentritt:

> „Der Widerstand, der dem Hindernisse einer Wirkung entgegen-
> gesetzt wird, ist eine Beförderung dieser Wirkung und stimmt mit
> ihr zusammen. Nun ist alles, was unrecht ist, ein Hindernis der
> Freiheit nach allgemeinen Gesetzen: der Zwang aber ist ein Hin-
> dernis oder Widerstand, der der Freiheit geschieht. Folglich: wenn
> ein gewisser Gebrauch der Freiheit selbst ein Hindernis der Freiheit
> nach allgemeinen Gesetzen (d. i. unrecht) eines Hindernisses der
> Freiheit mit der Freiheit nach allgemeinen Gesetzen zusammen
> stimmend, d. i. recht: mithin ist mit dem Rechte zugleich eine

Befugnis, den, der ihm Abbruch tut, zu zwingen, nach dem Satze
des Widerspruchs verknüpft" (Kant 1968 [1797], S. 231).

4.2   Zum ewigen Frieden

Wer den Naturzustand verlässt und durch Errichtung einer nach
innen verlässlichen, staatlich ausgestalteten Rechtsgemeinschaft
den bürgerlichen Zustand einnimmt, kann sich dennoch solange
nicht sicher sein, wie andere nach den Gesetzen des Naturzustands
wieder von außen in die Gemeinschaft einbrechen können. Da es
dauerhaft keinen Landfrieden geben kann ohne einen äußeren
Frieden, ist die Befriedung der Staaten untereinander eine notwendige Voraussetzung für die Erhaltung einer öffentlichen gerechten
Ordnung und eine Anwendung des kategorischen Imperativs auf
die gesamte Menschheit. Umgekehrt muss die Verfassung in jedem
Staat republikanisch sein, also die gleichen Rechte aller Bürger
garantieren, wenn der zwischenstaatliche Frieden nicht durch
innerstaatliche Konflikte wieder aufgezehrt werden soll (vgl. Kant
1968 [1795], S. 356).[8] Nur ein „Menschenstaat" (Kant 1968 [1795],
S. 349) oder ein Bündnis aller bürgerlich verfassten Staaten sichert
das Menschenrecht aller Menschen:

> „Es soll kein Krieg sein; weder der, welcher zwischen Mir und Dir
> im Naturzustande, noch zwischen uns als Staaten, die, obzwar
> innerlich im gesetzlichen, doch äußerlich (in Verhältniß gegen
> einander) :m gesetzlosen Zustande sind." (Kant 1968 [1797], S. 354)

---

8   Zur Kommentierung, der ich hier folge, vgl. Dicke (2007); Eberl und
     Niesen (2011) sowie Höffe (2013).

Als rechtsethisches Programm wurde die Ächtung des Krieges schon 150 Jahre vor der Charta der Vereinten Nationen von Kant formuliert:

> „Da […] doch die Vernunft, vom Throne der höchsten moralisch gesetzgebenden Gewalt herab, den Krieg als Rechtsgang schlechterdings verdammt, den Friedenszustand dagegen zur unmittelbaren Pflicht macht, welcher doch, ohne einen Vertrag der Völker unter sich, nicht gestiftet oder gesichert werden kann: so muss es einen Bund von besonderer Art geben, den man den Friedensbund (foedus pacificium) nennen kann, der vom Friedensvertrag (pactum pacis) darin unterschieden sein würde, dass dieser bloß einen Krieg, jener aber alle Kriege auf immer zu endigen suchte." (Kant 1968 [1795], S. 365)

Das freie *Kriegsführungsrecht* der Westfälischen Staatenwelt ist vernunftrechtlich ein Widerspruch in sich selbst. Sobald sich Staaten darauf verlegen, ihre Konflikte mit dem Mittel des Krieges zur Entscheidung zu bringen, haben sie den Rechtsweg bereits verlassen, sie unterstellen sich gerade nicht mehr einem gemeinsamen Recht, sondern der Kontingenz kruder physischer Gewalt. Sie übertragen ihre Zukunft nicht dem Spruch einer richterlichen Instanz, sondern dem brutalen Roulette der Schlachtfelder. Unter dem Dach einer globalen Rechtsidee kann es kein *ius ad bellum* mehr geben, sondern nur noch ein *ius contra bellum*. Überzieht ein Staat einen anderen Staat mit Krieg, so ist das ein Rechtsbruch; der angegriffene Staat verteidigt sich aus Notwehr und auch nur provisorisch gegen den aufgezwungenen Krieg, um sofort und ohne Verzug eine „richterliche" Verfügung einzuholen, die ihm den Verteidigungsfall bestätigt. Und nicht er allein, sondern die gesamte Rechtsgemeinschaft, der er angehört, tritt ihm unverzüglich mit den geeigneten, notwendigen und erforderlichen Maßnahmen gegen den Angreifer zur Seite, notfalls mit der Härte und Entschlossenheit militärischer Gewalt. Eine solche Gewaltmaßnahme in einem System kollektiver Sicherheit ist geleitet durch eine Ethik der Rechtsbefolgung und nicht durch die Willkür und den frivolen Leichtsinn von Spielern, die glauben, es lohne sich, alles auf die eine Karte des Krieges zu setzen und dies auf dem Rücken der Zivilbevölkerung. Zivilisierte Staaten führen keine Kriege, sie wirken ihnen vielmehr mit „Verhandlung, Untersuchung, Vermittlung, Vergleich, Schiedsspruch, gerichtliche Entscheidung, Inanspruchnahme regionaler Einrichtungen oder Abmachungen oder durch andere friedliche Mittel eigener Wahl" (Art. 33.1 UN-Charta) entgegen. Reicht dies nicht, so beschließen sie „die vollständige oder teilweise Unterbrechung der Wirtschaftsbeziehungen, des Eisenbahn-, See- und Luftverkehrs, der Post-, Telegraphen- und Funkverbindungen sowie sonstiger Verkehrsmöglichkeiten und den Abbruch der diplomatischen Beziehungen" (Art. 41 UN-Charta).

> „Ist der Sicherheitsrat der Auffassung, dass die in Artikel 41 vorgesehenen Maßnahmen unzulänglich sein würden oder sich als unzulänglich erwiesen haben, so kann er mit Luft-, See- oder Landstreitkräften die zur Wahrung oder Wiederherstellung des Weltfriedens und der internationalen Sicherheit erforderlichen Maßnahmen durchführen. Sie können Demonstrationen, Blockaden und sonstige Einsätze der Luft-, See- oder Landstreitkräfte von Mitgliedern der Vereinten Nationen einschließen" (Art. 42 UN-Charta).

Entscheiden sich Mitglieder der Vereinten Nationen aus Gründen der Notwehr und der Nothilfe zum bewaffneten Kampf, dann ist das ein Übel und nährt Zweifel am Niveau ihrer Zivilität. Denn der Unterschied zwischen Willkür und Rechtstreue lässt sich nie leicht erkennen, da bekanntlich jede Partei aus ihrer Sicht legitime Gründe und Ziele für sich ins Feld führt. Manchmal lassen – wie derzeit in Syrien – die immensen Opfer von Kriegen und auch eine lange Dauer darauf schließen, dass offensichtlich alle Beteiligten nur noch die Sprache der Gewalt verstehen. Wer der Geißel des

Krieges nach Maßgabe einer Rechtsethik wehren will, kommt also um ein Urteil nicht herum und muss vor allem sich selbst zur Rechtstreue ermahnen.

Wohlgemerkt ist all das Programm und Projekt, nicht etwa die gegenwärtige Realität in den internationalen Beziehungen. Noch erscheint es als hohes Ziel, sich wenigstens auf das Friedenskonzept von Thomas Hobbes einigen zu können. In Hobbes' Konzept ist es keine Bosheit und finstere Gesinnung, sondern zunächst höchst rational und fürsorglich, sich und die Seinen gegen Rivalen abzusichern, sie maximal auf Distanz und unter Druck zu halten. Nur verfolgen die Rivalen dieselbe Strategie. So entsteht eine Gewaltspirale, gegen die kein Friedensvertrag hilft, es sei denn, alle einigten sich vertraglich darauf, den Naturzustand zu verlassen, ihre Gewaltoptionen auf eine der Rivalität somit enthobene und dem Vertrag selbst folglich nicht unterworfene Garantiemacht zu übertragen, die ihrerseits von jedermann Vertragskonformität erzwingt.

Bis auf den heutigen Tag kann das Hobbessche Friedenskonzept in den internationalen Beziehungen als das herrschende Paradigma gelten: Es verweist auf die aus den europäischen Religionskriegen hervorgegangene Westfälische Staatenordnung, beschreibt das aus den Napoleonischen Kriegen geborene Wiener System der Pentarchie und schildert die nach zwei Weltkriegen geschmiedete Welt der Blockkonfrontation und des Kalten Krieges. Und auch der Traum einer internationalen Friedensordnung als liberale Rechtsordnung nach dem Fall der Mauer erwies sich als ein sehr kurzer. Wenn also das Hobbessche durch das Kantische Friedenskonzept ersetzt werden soll, muss dafür ein überzeugender Grund genannt werden, und es muss ein Konzept für die Übergangsphase entwickelt werden. Dieser ist offensichtlich: Selbst wenn sich eine absolute Monarchie im Inneren als dauerhaft stabil erwiese, weil sich alle Bürger täglich daran erinnern ließen, wie erbärmlich das

Leben im Naturzustand wäre und was sie ihrem Staat verdankten, so bliebe doch die äußere Lage katastrophal:

> „[D]er Frieden gleichgewichtiger Zweitschlagskapazitäten ist fragil. Die Welt zwischen den Staaten befindet sich in einem strukturellen Kriegszustand, der durch das Friedensprogramm des rationalen Mißtrauens grundsätzlich nicht beseitigt werden kann. Mehr als ein Frieden *im* Kriegszustand, mehr als Kriegsabwesenheit kann unter Hobbesschen Voraussetzungen nicht erreicht werden" (Kersting 2007, S. 62).

Das vernunftrechtliche Friedenskonzept Kants übernimmt von Hobbes die Verpflichtung der Bürger zum Verlassen des Naturzustands, geht aber entgegen Hobbes in drei Schritten auf eine Republikanisierung des Politischen zu: Die Bürger verwandeln erstens den despotischen in einen republikanischen Staat, sie treffen zweitens Sofortmaßnahmen zur Eindämmung akuter Kriegsursachen und drittens langfristige Maßnahmen zur Errichtung einer globalen Republik der Republiken, in der Konflikte deshalb nicht auf dem Schlachtfeld entschieden werden *müssen*, weil sie in vernunftrechtlich geregelten Verfahren ausgetragen werden *können*. Wie unschwer zu sehen, befindet sich die Staatenwelt derzeit bestenfalls im Übergang von der ersten zur zweiten Stufe. In etlichen Staaten herrscht zwar die Despotie und die Herrschenden fordern dort den Gehorsam ihrer Untertanen als notwendige Voraussetzung ihrer Stabilitätsgarantie ein. Gleichwohl hat sich der Demokratisierungsschub nach dem Untergang der großen Totalitarismen des 20. Jahrhunderts bis heute als einigermaßen stabil erwiesen. Fragil sind nach wie vor die Übergänge von der Despotie zur Demokratie in ökonomisch schwachen Zonen. Wollen Bürger nach der Durchsetzung republikanischer Verfassungen in ihren Staaten nicht zuletzt um ihrer eigenen Sicherheit willen den republikanischen Frieden weltweit fördern, müssen sie gemäß den Präliminarartikeln der Friedensschrift die folgenden sechs Missstände umgehend beenden: geheime Kriegsvorbehalte bei Friedenschlüssen, privatrechtliche Erwerbung von Staaten, stehende Heere, Staatsverschuldung zur Vorbereitung auf Kriege, gewaltsame Einmischung in andere Staaten sowie ehrlose Kriegshandlungen. Für diese Liste gibt es starke vernunftrechtliche Argumente, sie ist aber auch pragmatisch motiviert (vgl. Saner 2013). Entscheidend für ihre Schlüssigkeit und Überzeugungskraft ist es deshalb, den Blick unmittelbar auf die dritte Stufe zu lenken, denn erst sie erschließt den vollen Sinn des Konzeptes.

Es war der späte Kant, der 1795 – also bereits vor über 200 Jahren – in den Völkerrechtsparagraphen der „Metaphysischen Anfangsgründe der Rechtslehre" und mit seiner Schrift „Zum ewigen Frieden" einen epochalen, weil vollständigen und umfassenden Aufriss politischer Philosophie und damit auch politischer Ethik lieferte. Nicht nur die Beziehungen der Bürger in den Staaten, sondern auch zwischen ihnen sollen auf ein gemeinsames Recht gegründet werden. Stellte die „Kritik der reinen Vernunft" einen völlig neuen Rahmen für Theoriebildungen, so verschaffte die Friedensschrift nicht nur dem Völkerrecht, sondern auch dem Begriff des Politischen eine vollkommen neue Grundlage in der Idee des Rechts. Das eine Menschenrecht gliedert sich bei Kant nach drei Grundbeziehungen des öffentlichen Rechts und des Politischen, ohne welche es – aus apriori geltenden Gründen – inneren und äußeren Frieden im politischen Sinne nicht geben kann:

1. Das *Bürgerrecht* (Verhältnis Individuum – Staat) bestimmt das Verhältnis der Rechtsbürger zueinander, zur Gesamtheit ihrer Rechtsgemeinschaft qua Staatsangehörigkeit und innerer Volkssouveränität.
2. Das *Völkerrecht* (Verhältnis Staat – Staat in der Staatengemeinschaft) bestimmt das Verhältnis von Rechtsgemeinschaften

zueinander und in Gestalt äußerer Staatensouveränität und
des zwischenstaatlichen Gewaltverbots.

3. Das *Weltbürgerrecht* (Individuum – Staatengemeinschaft) definiert das Verhältnis von Menschen außerhalb aller staatlich
   gesicherten Rechtsverhältnisse, dessen Garanten gleichwohl die
   Staaten sind, die sich verpflichten, Nicht-Staatsbürgern Gast-
   oder Fremdenrecht und damit Schutz zu gewähren.

Nicht nur historisch, sondern auch systematisch geht eine politische
Ethik als Rechtsethik und eine Ethik rechtserhaltender Gewalt
dem modernen internationalen Recht voraus, denn die aufgeklärte
Rechtsidee leitet das positive Recht und nicht umgekehrt. Die
Rechtsidee bedarf zwar der Konkretion und Information durch
positives Recht, sie aber ist es, die das begriffliche Apriori liefert.
Die Stärke der nüchternen Kantischen Rechtsdefinition wird erst
deutlich, wenn man sich verdeutlicht, dass mit ihr gerade nicht ein
bestimmtes historisch gewachsenes positives Recht – etwa diese
oder jene „westliche" Rechtstradition – zum Vorbild und Standard
aller übrigen Rechtskulturen erhoben wird.

Warum bedarf eine Besinnung auf *Politik im globalen Maßstab*
einer derart aufwendigen Begründung? – Ohne diesen Ansatz bliebe
das gesamte klassische und moderne Völkerrecht unweigerlich
dem mehr als berechtigten Verdacht neokolonialer, kulturimperi-
alistischer Überwältigung ausgesetzt. Ginge es dieser politischen
Philosophie und Ethik nur um die Ausbreitung des *ius publicum
europaeum,* dann könnte jede Kultur gegen jede andere auf „ihrem"
Recht beharren. Die pazifizierende Funktion von Recht wäre nur
auf einzelne Rechtskulturen beschränkt, und diese untereinander
stünden im ewigen Kriege. Wenn wir jedoch die „westliche" *Genese*
dieser Rechtsidee nicht mit ihrer *Geltung* – universal – verwechseln und den Begriff *Ethik* nicht synonym zur *Moral* verwenden,
sondern als Reflexion und Prüfung aller Moral- und Rechtssys-

teme auf ihre Universalisierbarkeit, dann erklären wir uns bereit, unsere und andere Rechtskulturen miteinander in den fairen Wettbewerb fortgesetzter friedlicher Aushandlung zu stellen. Die Kompatibilität und Vereinbarkeit mit dem „gemeinsamen Gesetz der Freiheit" ist dann die Ziellinie, an der alle gemessen werden. Ein solch konstitutionelles Forum der Verhandlung ist aber erst dann eröffnet, wenn die Waffen schweigen.

5   Versuch einer Synthese

Die vernunfttheoretischen Argumente für eine internationale Friedensordnung als Rechtsordnung können aus Sicht des Glaubens an den einen Gott, „der es regnen lässt über Gerechte und Ungerechte" begrüßt werden. Die paulinische Mahnung und die kantische Moral *erstreben das Gute solo verbo*: „Ich kann einen anderen niemals überzeugen als durch seine eigenen Gedanken" (Kant 1990, S. 32). Sie sprechen beide *ethisch* die Einsicht in die Idee der universalen menschlichen Freiheit an. Das Recht ist ebenfalls konstitutiv auf diese Idee ausgerichtet. Es baut aber nicht nur auf die Überzeugung aus direkter eigener Einsicht, fragt auch nur nachrangig danach, ob beispielsweise jemand Reue zeigt, sondern appelliert *juridisch* an das Kalkül der Selbstliebe: Dem Adressaten wird die Strafe annonciert, damit er sie in die Handlungsfolgen einpreisen kann. Dem *ethischen* Verfahren der gedankenexperimentellen Prüfung der lebensweltlich tradierten Maximen vor dem *forum internum* des Gewissens entspricht das *juridische* Verfahren der Überprüfung von politisch und vertraglich definierten Handlungsklassen vor öffentlichen Gerichten bis hin zum Internationalen Gerichtshof, Internationalen Strafgerichtshof und UN-Sicherheitsrat in seiner Funktion als Autorisierungsinstanz von Zwangsmaßnahmen nach Kap. VII der Charta. Innerstaatlich ist dies relativ weit entwickelt, zwischenstaatlich kaum. Wer entsprechende Vorschläge zur institutionellen Konsolidierung des Völkerrechts machen kann, ist dazu willkommen. Die Evangelische Kirche in Deutschland schlägt hier nichts Geringeres als eine Ethik des Völkerrechts vor:

> „Das ethische Leitbild des gerechten Friedens ist zu seiner Verwirklichung auf das Recht angewiesen. Es ist deshalb zu konkretisieren in Institutionen, Regeln und Verfahren eines international vereinbarten Rechtszustands, der friedensethischen Anforderungen genügt. So wenig die Ethik an die Stelle des Rechts treten kann, so wenig ist sie durch Recht substituierbar. Auch Völkerrecht ersetzt keine Friedensethik, aber Friedensethik muss auf das Völkerrecht bezogen bleiben. Einer Ethik des Völkerrechts bedarf es erstens, um völkerrechtliche Normen und Institutionen auf ihren moralischen Gehalt hin zu reflektieren. Eine Völkerrechtsethik ist zweitens zur Erwägung derjenigen moralischen Konflikte erforderlich, die bei Regelungslücken, Interpretationsspielräumen oder Kollisionen völkerrechtlicher Normen auftreten können. Eine Verständigung über die ethischen, vorrechtlichen Grundlagen des Völkerrechts ist drittens notwendig, weil seine Interpretation und Fortbildung einen Vorgriff auf den projektierten Soll- und Zielzustand einer Weltfriedensordnung voraussetzt" (EKD 2007, Ziff. 85; vgl. auch Reuter 2013, S. 17ff.).

Literatur

Anselm, Reiner. 1992. Ethische Theologie. Zum ethischen Konzept Trutz Rendtorffs. *Zeitschrift für Evangelische Ethik* 36 (1): 259-274.

Anselm, Rainer. 2004. Art. Zweireichelehre I. In *Theologische Realenzyklopädie*. Bd. XXXVI, hrsg. von Gerhard Müller, 776-784. Berlin: De Gruyter.

Anselm, Rainer. 2006. Von der theologischen Legitimation des Staates zur kritischen Solidarität mit der Sphäre des Politischen. In *Was tun? Lutherische Ethik heute*, hrsg. von Tim Unger, 82-102. Hannover: Lutherisches Verlagshaus Hannover.

Anselm, Rainer. 2015. Politische Ethik. In *Handbuch evangelischer Ethik*, hrsg. von Wolfgang Huber, Torsten Meireis und Hans-Richard Reuter, 195-264. München: C. H. Beck.

Böckenförde, Ernst-Wolfgang. 1991. Die Entstehung des Staates als Vorgang der Säkularisation. In *Recht, Staat, Freiheit. Studien zur Rechtsphilosophie, Staatstheorie und Verfassungsgeschichte*, hrsg. von Ernst-Wolfgang Böckenförde, 92-114. Frankfurt a. M.: Suhrkamp.

Böckenförde, Ernst-Wolfgang. 2007. *Der säkularisierte Staat. Sein Charakter, seine Rechtfertigung und seine Probleme im 21. Jahrhundert.* München: Carl Friedrich von Siemens Stiftung.

Bonhoeffer, Dietrich. 2010. *Ethik,* hrsg. von Ilse Tödt, Heinz Eduard Tödt, Ernst Feil und Clifford Green (DBW 6). 3. Aufl. Gütersloh: Gütersloher Verlagshaus

Dicke, Klaus. 2007. Immanuel Kant. Zum ewigen Frieden (1795). In *Geschichte des politischen Denkens*, hrsg. Manfred Brocker, 373-385. Frankfurt a. M.: Suhrkamp.

Eberl, Oliver und Peter Niesen. 2011. *Immanuel Kant. Zum ewigen Frieden.* Frankfurt a. M.: Suhrkamp.

Evangelische Kirche in Deutschland (EKD). 1985. *Evangelische Kirche und freiheitliche Demokratie. Der Staat des Grundgesetzes als Angebot und Aufgabe.* Gütersloh: Gütersloher Verlagshaus.

Evangelische Kirche in Deutschland (EKD). 2007. *Aus Gottes Frieden leben – für gerechten Frieden sorgen. Eine Denkschrift des Rates der Evangelischen Kirche in Deutschland.* 2. Aufl. Gütersloh: Gütersloher Verlagshaus.

Friedrich, Johannes, Peter Stuhlmacher und Wolfgang Pöhlmann. 1976. Zur historischen Situation und Intention von Röm 13, 1-7. *Zeitschrift für Theologie und Kirche* 73 (2): 131-166.

Geismann, Georg. 1974. *Ethik und Herrschaftsordnung. Ein Beitrag zum Problem der Legitimation*. Tübingen: Mohr Siebeck.

Große Kracht, Hermann-Josef. 2014. Fünfzig Jahre Böckenförde-Theorem. Eine bundesrepublikanische Bekenntnisformel im Streit der Interpretationen. In *Religion – Recht – Republik. Studien zu Wolfgang-Ernst*

Böckenförde, hrsg. von Hermann-Josef Große Kracht und Klaus Große Kracht, 155-183. Paderborn: Schöningh-Verlag.

Haacker, Klaus. 2006. *Der Brief des Paulus an die Römer*. 4. Aufl. Leipzig: Evangelische Verlagsanstalt.

Härle, Wilfried. 2004. Art. Zweireichelehre II. In *Theologische Realenzyklopädie*. Bd. XXXVI, hrsg. von Gerhard Müller, 784-789. Berlin: De Gruyter.

Höffe, Otfried (Hrsg.). 2013. *Immanuel Kant: Zum ewigen Frieden*. 3. Aufl. Berlin: De Gruyter.

Horn, Friedrich-Wilhelm. 2017. Nächstenliebe und Feindesliebe. In *Jesus-Handbuch*, hrsg. von Jens Schröter, Jens Jacobi und Christine Jacobi, 432-438. Tübingen: Mohr Siebeck.

Huber, Wolfgang. 2012. *Von der Freiheit. Perspektiven für eine solidarische Welt*. München: C. H. Beck.

Huber, Wolfgang. 2015. Rechtsethik. In *Handbuch evangelischer Ethik*, hrsg. von Wolfgang Huber, Torsten Meireis und Hans-Richard Reuter, 125-194. München: C. H. Beck.

Kant, Immanuel. 1968 [1795]. Zum ewigen Frieden. In *Kants Werke. Akademie-Textausgabe*, Bd. VIII, 341-386. Berlin: de Gruyter.

Kant, Immanuel. 1968 [1797]. Die Metaphysik der Sitten. In *Kants Werke. Akademie-Textausgabe*. Bd. VI, 203-494. Berlin: de Gruyter.

Kant, Immanuel. 1990. Gesammelte Schriften: Handschriftlicher Nachlaß. In *Kants Werke. Akademie-Textausgabe*. Bd. XX. Berlin: de Gruyter.

Kersting, Wolfgang. 2007. *Wohlgeordnete Freiheit. Immanuel Kants Rechts- und Staatsphilosophie*. 3. Aufl. Paderborn: Mentis.

Lohse, Eduard. 2003. *Der Brief an die Römer*. Göttingen: Vandenhoeck & Ruprecht.

Mühling, Markus. 2012. *Systematische Theologie: Ethik. Eine christliche Theorie vorzuziehenden Handelns*. Göttingen: Vandenhoeck & Ruprecht.

Pfordten, Dietmar von der. 2016. *Menschenwürde*. München: C. H. Beck.

Rendtorff, Trutz. 1990/91a. *Ethik. Grundelemente, Methodologie und Konkretionen einer ethischen Theologie*. Bd. 1. 2. Aufl. Stuttgart: Kohlhammer.

Rendtorff, Trutz. 1990/91b. *Ethik. Grundelemente, Methodologie und Konkretionen einer ethischen Theologie*. Bd. 2. 2. Aufl. Stuttgart: Kohlhammer.

Reuter, Hans-Richard. 1996. *Rechtsethik in theologischer Perspektive.* Gütersloh: Gütersloher Verlagshaus.

Reuter, Hans-Richard. 2013. *Recht und Frieden. Beiträge zur politischen Ethik.* Leipzig: Evangelische Verlagsanstalt.

Reuter, Hans-Richard. 2015. Grundlagen und Methoden der Ethik. In *Handbuch evangelischer Ethik,* hrsg. von Wolfgang Huber, Torsten Meireis und Hans-Richard Reuter, 9-194. München: C. H. Beck.

Rothhaar, Markus. 2015. *Die Menschenwürde als Prinzip des Rechts. Eine rechtsphilosophische Rekonstruktion.* Tübingen: Mohr Siebeck.

Saner, Hans. 2013. Die negativen Bedingungen des Friedens. In *Immanuel Kant: Zum ewigen Frieden,* hrsg. von Otfried Höffe, 29-46. 3. Aufl. Berlin: De Gruyter.

Schnabel, Eckhard J. 2016. *Der Brief des Paulus an die Römer. Bd. 2: Kap. 6-16.* Wuppertal: Brockhaus.

Sinner, Rudolf von. 2011. Öffentliche Theologie: Neue Ansätze in globaler Perspektive. *Evangelische Theologie* 71 (5): 324-340.

Theißen, Gerd und Petra von Gemünden. 2016. *Der Römerbrief. Rechenschaft eines Reformators.* Göttingen: Vandenhoeck & Ruprecht.

Wilckens, Ulrich. 1974. *Rechtfertigung als Freiheit. Paulusstudien.* Neukirchen-Vluyn: Neukirchener Verlag.

Zeilinger, Franz. 2002. *Zwischen Himmel und Erde. Ein Kommentar zur „Bergpredigt" Matthäus 5-7.* Stuttgart: Kohlhammer.

Eine Ethik rechtserhaltender Gewalt im ökumenischen Diskurs: zwischen gerechtem Krieg und Pazifismus

Konrad Raiser

1   Einleitung

Sowohl der ökumenische friedensethische Diskurs als auch die Entwicklung friedensethischer Positionen innerhalb der Evangelischen Kirche in Deutschland (EKD) orientieren sich am Konzept des gerechten Friedens. Die EKD hat in ihrer Denkschrift „Aus Gottes Frieden leben – für gerechten Frieden sorgen" der traditionellen Lehre vom gerechten Krieg eine Ethik rechtserhaltender Gewalt entgegengestellt (EKD 2007, S. 65ff.). Dieser Beitrag geht der Frage nach, wie anschlussfähig eine Ethik rechtserhaltender Gewalt angesichts verschiedener konfessioneller Perspektiven – von anglo-amerikanischen Traditionen der Lehre vom gerechten Krieg bis hin zu pazifistischen Positionen der historischen Friedenskirchen – im ökumenischen Diskurs ist. Gelingt es, im ökumenischen Diskurs mit der Ausrichtung auf den „Weg des gerechten Friedens" die Spannung zwischen den unterschiedlichen konfessionellen Positionen und Denktraditionen zu überwinden? Was ist der Ort einer Ethik rechtserhaltender Gewalt in einem ethischen Diskurs, der von der Gestaltwerdung des Friedens her denkt?

© Springer Fachmedien Wiesbaden GmbH, ein Teil von Springer Nature 2019   95
I.-J. Werkner und T. Meireis (Hrsg.), *Rechtserhaltende Gewalt – eine ethische Verortung*, Gerechter Frieden, https://doi.org/10.1007/978-3-658-22499-8_5

2   Gegenwärtiger Stand des ökumenischen Diskurses

Der ökumenische friedensethische Diskurs ist offen und unabgeschlossen. In ihrer „Erklärung über den Weg des Gerechten Friedens" hat die 10. Vollversammlung des Ökumenischen Rates der Kirchen (ÖRK) in Busan 2013 die Vorstellung eines gerechten Friedens aufgenommen, die zuvor in unterschiedlichen kirchlichen Erklärungen, zum Beispiel der Deutschen Bischöfe (2000) und der Evangelischen Kirche in Deutschland (EKD 2007), entfaltet und in den Jahren von 2008 bis 2011 in einem intensiven ökumenischen Studien- und Konsultationsprozess kritisch geprüft und vertieft wurde (vgl. Raiser und Schmitthenner 2012, S. 21ff.). Die Erklärung der Vollversammlung spricht vom gerechten Frieden als einem Weg, auf dem „verschiedene Disziplinen Gemeinsamkeiten entdecken, gegensätzliche Weltanschauungen sich ergänzende Handlungsweisen erkennen und eine Religion sich grundsätzlich solidarisch mit einer anderen zeigen [können]" (ÖRK 2013, abgedruckt in Link 2014, S. 398). Die Erklärung übernimmt die zuvor im ökumenischen Aufruf zum gerechten Frieden von 2011 vorgestellte (vorläufige) Definition. Danach ist der Weg des gerechten Friedens

> „ein kollektiver und dynamischer, doch zugleich fest verankerter Prozess, er darauf ausgerichtet ist, dass Menschen frei von Angst und Not leben können, dass sie Feindschaft, Diskriminierung und Unterdrückung überwinden und die Voraussetzungen schaffen können für gerechte Beziehungen, die den Erfahrungen der am stärksten Gefährdeten Vorrang einräumen und die Integrität der Schöpfung achten" (ÖRK 2013, abgedruckt in Link 2014, S. 398).

Der Weg des gerechten Friedens wird in dieser Erklärung weiter entfaltet. Es geht dabei nach den Worten der Erklärung um einen „grundlegende[n] Bezugsrahmen für kohärente ökumenische Reflexion, Spiritualität, Engagement und die aktive Friedensarbeit" (ÖRK 2013, abgedruckt in Link 2014, S. 399). Die Erklärung der Vollversammlung bietet die bislang autoritativste Zusammenfassung des ökumenischen Studien- und Konsultationsprozesses. Sie reklamiert noch keinen ökumenischen Konsens über den gerechten Frieden als friedensethischem „Leitbild" und spricht auch nicht, wie die Präambel zum ökumenischen Aufruf zum gerechten Frieden von 2011, von einem „fundamentalen Wandel in der ethischen Praxis" oder gar einem „Paradigmenwechsel". Sie hält den friedensethischen Diskurs offen, soll aber zugleich eine Orientierung geben, indem sie versucht, konsequent vom Frieden her zu denken. Der ÖRK führt diesen Impuls weiter in dem von derselben Vollversammlung angestoßenen „Pilgerweg der Gerechtigkeit und des Friedens".

3 Die Lehre vom gerechten Krieg und die traditionellen Großkirchen

Die Interpretation des gerechten Friedens als Weg oder Prozess ist auch Ausdruck der Hoffnung und Erwartung, dass es gelingen könnte, auf diese Weise den traditionellen Gegensatz zwischen der ethischen Figur des gerechten Krieges und der Position des christlichen Pazifismus zu überwinden. Die Tradition oder Lehre vom gerechten Krieg gehörte seit dem Mittelalter für die historischen Großkirchen, das heißt für die römisch-katholische, die anglikanische, die lutherischen und die traditionellen reformierten Kirchen, zur überlieferten Lehre. Für die römisch-katholische Kirche ist die Lehre vom gerechten Krieg ein in der Tradition (u. a. Augustinus, Thomas von Aquin) verankerter, autoritativer Rahmen ethischer Urteilsbildung, verbunden mit der eindeutigen

Verwerfung des „totalen Krieges".[1] Die anderen Großkirchen haben in ihren Bekenntnisschriften in den Artikeln über die „Obrigkeit" beziehungsweise das „weltliche Regiment" Christen das Recht zugestanden, Waffen zu tragen und „rechte Kriege" zu führen, wenn sie von den Regierenden dazu beauftragt werden (vgl. Artikel 37 in den „Thirty-nine Articles" der Kirche von England, Artikel 16 der „Confessio Augustana" oder Artikel XXIII der „Westminster Confession"). Nach diesen Bekenntnisschriften repräsentiert das weltliche Regiment eine gottgewollte Ordnung mit dem Auftrag, für Gerechtigkeit und Frieden zu sorgen und Störungen dieser Ordnung zu verhindern, notfalls mit Waffengewalt. Auch wenn sie nicht ausdrücklich die Figur des gerechten Krieges erwähnen, setzen sie doch voraus, dass es das legitime Recht der Obrigkeit ist, Kriege zu führen, wenn ihr Auftrag dies erfordert.[2]

Keine der genannten Kirchenfamilien vertritt heute unter Bezugnahme auf die Bekenntnisschriften offiziell eine Lehre vom gerechten Krieg. Die inzwischen eingetretenen politischen, völkerrechtlichen und militärstrategischen Veränderungen nötigen zu neuen Antworten im Blick auf die ethischen Probleme von Krieg und Frieden.

Die Aussage der 1. Vollversammlung des ÖRK: „Krieg soll nach Gottes Willen nicht sein" und die im Gewaltverbot der Charta der Vereinten Nationen ausgesprochene Ächtung des Angriffskrieges setzen der ethischen und rechtlichen Beurteilung der Anwendung von militärischer Gewalt in zwischenstaatlichen Konflikten enge Grenzen. Dennoch gilt die Tradition des gerechten Krieges in der friedensethischen Diskussion vieler Kirchen nach wie vor

---

1 Vgl. die Pastoralkonstitution über die Kirche in der Welt von heute „Gaudium et Spes", abgedruckt in Rahner und Vorgrimmler (1966, S. 538ff.).

2 Zu den Kapiteln 3 und 4 vgl. auch die Ausführungen von Werkner (2018) im Band II.1 dieser Reihe.

als ein unverzichtbarer Bezugsrahmen für die kritische ethische Urteilsbildung zu Fragen von Krieg und Frieden. Vor allem im Zusammenhang der kontroversen Diskussionen über die ethische Problematik nuklearer Abschreckung und neuerdings hinsichtlich der Legitimität „humanitärer" Interventionen sowie der sogenannten „Schutzverantwortung" wird immer wieder auf die Tradition des gerechten Krieges Bezug genommen. Dies gilt besonders für die traditionellen Großkirchen in Europa, die sich als öffentliche Partner der staatlichen Institutionen ihres jeweiligen Landes verstehen und sich daher mitverantwortlich fühlen für die Wahrung von Gerechtigkeit, Frieden und Sicherheit. Als Beispiel sei auf Positionen in der Kirche von England im Fall des Falklandkonfliktes oder der britischen Beteiligung am Irakkrieg verwiesen. Auch in einigen der konservativ-evangelikalen Denominationen in den USA kann die Lehre vom gerechten Krieg als Begründung für die Unterstützung einer Politik militärischer Interventionen dienen. So hat beispielsweise Richard Land als Vorsitzender der „Ethics and Religious Liberty Commission" der *Southern Baptist Convention* im Oktober 2002 in einem Brief an den damaligen Präsidenten George W. Bush die geplanten präventiven militärischen Maßnahmen gegen Irak und Saddam Hussain als wohl überlegt und in Übereinstimmung mit den traditionellen Kriterien der Theorie des gerechten Krieges bezeichnet (vgl. Land 2002).

Ein etwas anderes Bild bietet sich im Blick auf die orthodoxen Kirchen. Sie haben die in der westlichen Kirche entwickelte Lehrtradition des gerechten Krieges nicht ausdrücklich übernommen. Gleichzeitig haben sie sich auf der Grundlage der Vorstellung einer „Symphonia" zwischen weltlicher und geistlicher Macht in der Regel mit der Politik der Regierenden, einschließlich der von ihnen autorisierten militärischen Maßnahmen, identifiziert und sie geistlich-pastoral unterstützt. Als erste unter den orthodoxen Kirchen hat die Russisch-Orthodoxe Kirche ein ausführliches

Dokument über die „Grundlagen der Sozialdoktrin" ausgearbeitet und veröffentlicht (ROK 2000). Dieses Dokument enthält neben Abschnitten über „Kirche und Nation", „Kirche und Politik" sowie „Kirche und Staat" einen längeren Abschnitt zur Frage von „Krieg und Frieden" (Abschn. VIII). Dort heißt es gleich zu Anfang: „Krieg ist Böses. Der Grund des Krieges, wie überhaupt des Bösen im Menschen, liegt im sündhaften Missbrauch der gottgegebenen Freiheit" (ROK 2000, Ziff. 43). Ein wenig später wird erklärt:

> „Trotz der Erkenntnis des Krieges als Böses verbietet die Kirche ihren Kindern nicht, sich an Kampfhandlungen zu beteiligen, solange ihr Zweck die Verteidigung der Nächsten sowie die Wiederherstellung verletzter Gerechtigkeit ist. In solchen Fällen gilt der Krieg als unerwünschtes, allerdings unumgängliches Mittel." (ROK 2000, Ziff. 44)

Das Dokument bezieht sich ausdrücklich auf die traditionelle Lehre vom gerechten Krieg. Es betont darüber hinaus die Sorge der Kirche für das Militär in der Absicht, „das Militär zurückzubringen zu den im Laufe von Jahrhunderten bewährten orthodoxen Traditionen des Dienstes am Vaterland" (ROK 2000, Ziff. 47).

Inzwischen liegen auch die Texte des Panorthodoxen Konzils 2016 auf Kreta vor. Im Konzilsdokument über „Die Mission der Orthodoxen Kirche in der heutigen Welt" stellt das Konzil eine erste gemeinsame Sozialdoktrin vor, in deren Mittelpunkt die Betonung der „Würde der menschlichen Person" steht. Nach einem Abschnitt über „Frieden und Gerechtigkeit" geht das Dokument besonders auf die Frage von „Frieden und die Abneigung gegenüber dem Krieg" ein. Der Abschnitt beginnt mit einer ausdrücklichen Verurteilung des Krieges:

> „Die Kirche Christi verurteilt Krieg im Allgemeinen und betrachtet ihn als Ausdruck der Gegenwart des Bösen und der Sünde in

der Welt. [...] Jeder Krieg droht die Schöpfung und das Leben zu zerstören." (Panorthodoxes Konzil 2016, Abschn. IV, Nr. 1)

Das Dokument verurteilt insbesondere Kriege, die mit Massenvernichtungswaffen geführt werden, sowie Kriege auf Grund von Nationalismus oder religiösem Fanatismus. Es stellt jedoch fest:

> „Die Kirche Christi, die Krieg im Wesentlichen als die Folge des Bösen und der Sünde in der Welt betrachtet, unterstützt alle Initiativen und Bemühungen, den Krieg durch Dialog und alle anderen geeigneten Mittel zu verhindern oder abzuwenden. Wenn Krieg unabwendbar wird, unterstützt die Kirche mit Gebet und Seelsorge ihre Kinder, die in einen militärischen Konflikt einbezogen sind, um ihr Leben und ihre Freiheit zu verteidigen; zugleich unternimmt sie alles, um so bald als möglich Frieden und Freiheit wieder herzustellen." (Panorthodoxes Konzil 2016, Abschn. IV, Nr. 2)

4   Pazifistische Positionen

Der christliche Pazifismus hat tiefe Wurzeln in der Geschichte der Kirche. In der heute ökumenisch wirksamen Form geht er auf die Täuferbewegungen in der Reformationszeit zurück. Ein frühes Zeugnis ist das von Michael Sattler (1490-1527) kurz vor seiner Verurteilung und Hinrichtung verfasste Schleitheimer Bekenntnis von 1527, insbesondere Artikel 6 über „das Schwert". Darin wird zwar der Einsatz des Schwertes zur Strafe für die Bösen und zum Schutz der Guten als eine Ordnung Gottes nach Röm. 13,3f. bekräftigt. Diese Ordnung steht allerdings „außerhalb der Vollkommenheit Christi". Für die Nachfolger Christi gilt daher sein Vorbild der Gewaltlosigkeit wie auch des Verzichts auf jede Teilnahme an Aufgaben oder Maßnahmen der Obrigkeit: „Das Regiment der Obrigkeit ist nach dem Fleisch, das der Christen nach dem Geist" (Sattler 1527, Art. 6 „über das Schwert"). Diese

Tradition wird heute weitergeführt und bekräftigt im Bekenntnis der Mennonitischen Gemeinschaft:

> "We believe that peace is the will of God. God created the world in peace, and God's peace is most fully revealed in Jesus Christ, who is our peace and the peace of the whole world. Led by the Holy Spirit, we follow Christ in the way of peace, doing justice, bringing reconciliation, and practicing non-resistance, even in the face of violence and warfare." (Confession of Faith in a Mennonite Perspective 1995, Art. 22)

Die Mennoniten gehören zusammen mit den Quäkern und der *Church of the Brethren* zur 1935 gebildeten „Konferenz der Historischen Friedenskirchen". Zu ihren Prinzipien eines biblisch begründeten Pazifismus gehören:

> „die Überzeugung, dass die christliche Gemeinschaft nationale Grenzen stets transzendiert, sowie die traditionell vertretene Ablehnung der Beteiligung an Kriegen für Christen, auch wenn die jeweiligen Regierungen dies von ihnen verlangen" (Enns 2012, S. 265).

Sie haben sich gemeinsam für das Recht auf Kriegsdienstverweigerung eingesetzt. Das allen historischen Friedenskirchen gemeinsame Ethos der Gewaltfreiheit beschränkt sich heute nicht mehr „auf eine Haltung der ‚Wehrlosigkeit' oder die Ablehnung der ‚Lehre vom gerechten Krieg', sondern zeigt sich im vielfältigen Eintreten für einen ‚gerechten Frieden'" (Enns 2012, S. 272). Die Stimme der historischen Friedenskirchen wird im ökumenischen Gespräch unter anderem repräsentiert durch die Vereinigung *Church and Peace*, die sich intensiv an der kontroversen Diskussion über die Schutzverantwortung für Bevölkerungen, die von massiven Menschenrechtsverletzungen, ethnischen Säuberungen oder Vernichtung bedroht sind, beteiligt hat. In einer Stellungnahme von

2011 lehnte die Mitgliederversammlung von *Church and Peace* die Verbindung der Schutzverantwortung mit der Zielperspektive des gerechten Friedens ab:

> „Wir weisen die Annahme zurück, dass gerechter Friede uns in das Dilemma zwingt zwischen der Berufung zur Gewaltfreiheit und einem rechtlich legitimierten Einsatz von Gewalt, um bedrohte Bevölkerungen zu schützen. [...] Gewalt in jeglicher Form kann niemals einen dauerhaften Frieden in Gerechtigkeit erzielen. Wir laden alle Kirchen ein, mit uns der Versuchung zu widerstehen, den Gebrauch tödlicher Waffen – selbst als ‚ultima ratio' – zu rechtfertigen. Lasst uns gemeinsam auf dem Weg zum Frieden gehen!" (Church and Peace 2011).

Aus pazifistischer Perspektive hat John Howard Yoder (2001) die Kriterien der Tradition des gerechten Krieges, die ursprünglich der Einhegung des Krieges dienen sollten, im Blick auf ihre Konsistenz und Wirksamkeit einer strengen ethischen Prüfung unterzogen. Er kommt zum Ergebnis, dass bei gewissenhafter Anwendung der Kriterien keiner der neueren Einsätze militärischer Gewalt als gerechtfertigt gelten könne.

Dieser kurze Überblick zeigt, dass es über die Frage der Legitimität militärischer Gewaltanwendung hinaus grundsätzliche Unterschiede zwischen den beiden Traditionslinien gibt, die sich auf das Verständnis der Kirche und ihrer Stellung gegenüber dem weltlichen Regiment beziehen: Die Großkirchen stehen nach wie vor in der „konstantinischen" Tradition, die Kirche und Staat als einander zugeordnete Institutionen mit Verantwortung für die Bewahrung der gesellschaftlichen Ordnung versteht. Die Friedenskirchen brechen dagegen mit dieser Tradition. Sie begreifen Kirche als eine Nachfolgegemeinschaft, die unter Leitung des Heiligen Geistes danach strebt, der in Jesus Christus begründeten neuen Ordnung des Friedens und der Versöhnung in ihrem Leben als alternative Gemeinschaft sichtbare Gestalt zu geben. Beide

Traditionen sind vereint in der grundsätzlichen Ablehnung des Krieges als widergöttlich und als Ausdruck von Sünde und der Macht des Bösen. Während die Großkirchen sich nach Gottes Gebot mitverantwortlich wissen für den Schutz der gerechten Ordnung der Gesellschaft gegen die Realität der Sünde und des Bösen und deshalb im Notfall auch den Einsatz von Mitteln militärischer Gewalt in die ethische Prüfung einbeziehen, gründet die pazifistische Selbstverpflichtung zur Gewaltfreiheit letztlich in dem eschatologischen Vertrauen auf den Sieg Gottes über die Macht des Bösen, wie sie sich im Leben, der Verkündigung, dem Tod und der Auferstehung Jesu Christi offenbart hat.

5   Entwicklungsschritte im ökumenischen Diskurs

Der ökumenische Diskurs war lange Zeit geprägt von der Verarbeitung der Erfahrungen der beiden großen Kriege im 20. Jahrhundert. Ein erster Bezugspunkt bildete sich in der Eisenach-Avignon-Erklärung von 1928/29 heraus und der darin ausgesprochenen Ächtung des Angriffskrieges in Aufnahme des Briand-Kellog Paktes von 1928. Die Erklärung verwirft den Krieg als eine Institution zur Beilegung internationaler Konflikte und sieht ihn als unvereinbar mit dem Geist und dem Weg Jesu Christi und seiner Kirche. Sie ruft die Kirchen dazu auf, unmissverständlich zu erklären, dass sie einen Krieg weder unterstützen noch an ihm teilnehmen werden, dem nicht ein internationales Schlichtungsverfahren vor dem Internationalen Gerichtshofs vorangegangen ist (vgl. Dahm 2001, S. 234ff.). Die folgenden Jahrzehnte waren zunehmend bestimmt von der Atmosphäre der Konfrontation: dem Aufkommen des Kommunismus und des Nationalsozialismus, dem Zweiten Weltkrieg und der sich daran anschließenden Periode des Kalten Krieges. Zwar hielt die ökumenische Bewegung an ihrer Grundüberzeugung fest, dass Krieg nach Gottes Willen nicht sein solle, er ein Zeichen der Macht der Sünde in dieser Welt sei und daher verurteilt werden müsse (Vollversammlung in Amsterdam). Zugleich schienen aber jene Recht zu behalten, die Kriege für eine immer wiederkehrende Manifestation menschlicher Bosheit hielten und für die es daher ein Gebot des christlichen Realismus war, mit der Möglichkeit und Wahrscheinlichkeit von Kriegen zu rechnen.

So bildeten sich bereits bei der Weltkirchenkonferenz in Oxford 1937 drei Grundpositionen heraus, die sich auch nach dem Zweiten Weltkrieg in den Dokumenten der 1. Vollversammlung des Ökumenischen Rates der Kirchen 1948 wiederfinden und nicht miteinander zu vermitteln waren. Der Bericht der 4. Sektion in Amsterdam stellt angesichts der Zerstörungskraft moderner Kriege die Frage: „Kann der Krieg heute noch ein Akt der Gerechtigkeit sein?" und fährt dann fort:

> „Auf diese Frage können wir freilich keine einmütige Antwort geben. Drei verschiedene Grundhaltungen werden in unserer Mitte vertreten:
> a. Da sind zunächst jene, die die Überzeugung haben, dass, wenn der Christ auch unter bestimmten Umständen wird in den Krieg ziehen müssen, ein moderner Krieg mit seinen allumfassenden Zerstörungen niemals ein Akt der Gerechtigkeit sein kann.
> b. Da es gegenwärtig unparteiische, übernationale Instanzen nicht gibt, so meinen andere, militärische Maßnahmen seien das letzte Mittel, um dem Recht Geltung zu verschaffen, und man müsse die Staatsbürger klar und deutlich lehren, dass es ihre Pflicht ist, das Recht mit der Waffe in der Hand zu verteidigen, wenn es keine andere Möglichkeit mehr gibt.
> c. Wieder andere lehnen jeden Kriegsdienst irgendwelcher Art ab und sind überzeugt, dass Gott von ihnen verlangt, bedingungslos gegen den Krieg und für den Frieden Stellung zu nehmen, und nach ihrer Meinung müsse die Kirche im gleichen Sinn sprechen." (ÖRK 1948, abgedruckt in Stierle et al. 1996, S. 309f.)

In den Auseinandersetzungen über die Bedrohung durch den möglichen Einsatz von Atomwaffen bildeten sich die zunehmende Relativierung der unter b) genannten Position von Amsterdam und eine Verstärkung der ersten Position heraus. Die 6. Vollversammlung des ÖRK in Vancouver 1983 übernahm die Formulierung eines vorangegangenen Hearings über Atomwaffen und Abrüstung und erklärte:

> „Wir glauben, dass für die Kirchen die Zeit gekommen ist, klar und eindeutig zu erklären, dass sowohl die Herstellung und Stationierung als auch der Einsatz von Atomwaffen ein Verbrechen gegen die Menschheit darstellen und dass ein solches Vorgehen aus ethischer und theologischer Sicht verurteilt werden muss." (ÖRK 1983, abgedruckt in Müller-Römheld 1983, S. 167)

Sie machte die Herausforderung durch die Verfügbarkeit von Atomwaffen zu einer Frage des christlichen Gehorsams und der christlichen Treue zum Evangelium. In Aufnahme einer Erklärung der 5. Vollversammlung in Nairobi 1975 formulierte sie ihre Überzeugung,

> „die Christen sollten Zeugnis dafür ablegen, dass sie es ablehnen, sich an einem Konflikt zu beteiligen, bei dem Massenvernichtungswaffen oder andere Waffen, die wahllos alles zerstören, eingesetzt werden" (ÖKR 1983, abgedruckt in Müller-Römheld 1983, S. 167).

Damit war freilich die Spannung zwischen den drei in Amsterdam beschriebenen Positionen noch nicht überwunden. Sie kam erneut ins Spiel mit der Diskussion über Gewalt und Gewaltfreiheit im Kampf um soziale Gerechtigkeit. Ein Studiendokument des ÖRK aus dem Jahr 1973 stellt zur Frage der ethischen Legitimität von Methoden des Widerstands gegen ungerechte oder unterdrückerische Macht drei deutlich unterschiedene Standpunkte fest:

a. „Einige vertreten die Auffassung, dass die gewaltfreie Aktion die einzige Möglichkeit darstellt, die sich mit dem Gehorsam gegenüber Jesus Christus vereinbaren lässt. [...]

b. Andere wiederum sind bereit, unter extremen Bedingungen den gewaltsamen Widerstand als notwendig und als christliche Pflicht zu akzeptieren, doch wenden sie auf den gewaltsamen Widerstand Kriterien an, die jenen vergleichbar sind, die sie für einen gerechten Krieg gelten machen. [...]

c. Andere wiederum befinden sich bereits in einer Situation, die von Gewalt beherrscht wird und in der ihnen keine andere Wahl bleibt, als sich an der Gewalt zu beteiligen."[3]

In Auseinandersetzung mit den sogenannten neuen Kriegen hat sich der ökumenische friedensethische Diskurs inzwischen gewandelt. Im Zuge des konziliaren Prozesses für Gerechtigkeit, Frieden und die Bewahrung der Schöpfung (1983-1990) und insbesondere der von den Friedenskirchen angeregten „Dekade zur Überwindung von Gewalt" (2001-2010) hat er sich friedenskirchlichen Positionen angenähert. In bewusster Abkehr von der klassischen Maxime des politischen Realismus *si vis pacem para bellum* versucht der ökumenische Diskurs, konsequent vom Frieden als Gottes Gebot und Verheißung her zu denken und sich an der umgewandelten Maxime *si vis pacem para pacem* auszurichten. Diese Neuorientierung kommt in der Aufnahme der Vorstellung eines gerechten Friedens zum Ausdruck, mit der die unlösbare Verbindung von Frieden und Gerechtigkeit unterstrichen wird. Sie wird im ökumenischen Aufruf zum gerechten Frieden von 2011 ansatzweise entfaltet und begründet. Diese Begründung ist freilich selbst nach wie vor Gegenstand des offenen Diskurses. Insbesondere muss sich noch erweisen, ob es durch diese Neuorientierung gelingen

---

3   Studienbericht des ÖRK „Gewalt und Gewaltfreiheit und der Kampf um soziale Gerechtigkeit" von 1973, abgedruckt in Stierle et al. (1996, S. 346f.).

kann, die Spannung zwischen der Tradition des gerechten Krieges und der Position des christlichen Pazifismus zu überwinden, die seit der Weltkirchenkonferenz in Oxford 1937 den ökumenischen Diskurs prägt.

Unter der Überschrift „Wegweiser zum gerechten Frieden" widmet sich der ökumenische Aufruf unter anderem Fragen der Konflikttransformation, der Anwendung von Waffengewalt sowie dem Schutz der Menschenwürde. Er unterstreicht die zentrale Bedeutung der Herrschaft des Rechts (*rule of law*) und tritt ein für die Stärkung der Rechtsstaatlichkeit als grundlegendem Rahmen für die Bemühungen um gewaltfreie Konflikttransformation wie auch für die Verwirklichung der Menschenechte. Der Aufruf nähert sich damit rechtspazifistischen Positionen an, wie sie unter anderem im Anschluss an Immanuel Kant formuliert werden. Er verschließt die Augen nicht vor der Tatsache, dass das Streben nach Frieden sich inmitten der Realität von Gewalt und der Bedrohung durch gewaltsame Konflikte bewähren muss. Er räumt ein, dass es Extremsituationen gibt,

> „in denen der rechtmäßige Einsatz von Waffengewalt als letzter Ausweg und als kleineres Übel notwendig werden kann, um gefährdete Bevölkerungsgruppen zu schützen, die unmittelbaren tödlichen Gefahren ausgesetzt sind" (ÖRK 2011, abgedruckt in Raiser und Schmitthenner 2012, S. 11).

Aber er fügt hinzu:

> „Doch selbst dann sehen wir den Einsatz von Waffengewalt in Konfliktsituationen sowohl als Zeichen schwerwiegenden Versagens, wie auch als zusätzliches Hindernis auf dem Weg zu einem gerechten Frieden an" (ÖRK 2011, abgedruckt in Raiser und Schmitthenner 2012, S. 11).

Auch bei ausdrücklicher Bekräftigung des Mandats der Vereinten Nationen zur Anwendung militärischer Gewalt innerhalb der Grenzen des Völkerrechts sieht der ökumenische Aufruf Christen und Christinnen verpflichtet, darüber hinaus zu gehen

> „und jede theologische oder *andere* Rechtfertigung des Einsatzes militärischer Gewalt in Frage zu stellen und die Berufung auf das Konzept eines ‚gerechten Krieges‘ und dessen übliche Anwendung als obsolet zu erachten" (ÖRK 2011, abgedruckt in Raiser und Schmitthenner 2012, S. 11).

Wie bereits erwähnt hat die Vollversammlung des ÖRK in Busan (2013) diese Diskussion in ihrer Erklärung zum „Weg des gerechten Friedens" aufgenommen. In dieser Erklärung wird der ÖRK aufgefordert zu einer „kritischen Analyse der ‚Verantwortung zur Prävention, zur Reaktion und zum Wiederaufbau‘ sowie deren Bezug zum gerechten Frieden und deren missbräuchlicher Nutzung zur Rechtfertigung von bewaffneten Interventionen". Darüber hinaus sollte der ÖRK Kirchen und Partnerorganisationen zusammenrufen, um sich in Zusammenarbeit mit der internationalen Kampagne zur Abschaffung von Atomwaffen „für die Abschaffung aller Kernwaffen und anderer Massenvernichtungswaffen einzusetzen; und die Ratifizierung des Waffenhandelsabkommens von ihrer jeweiligen Regierung zu fordern und dessen Umsetzung zu kontrollieren" (ÖRK 2013, abgedruckt in Link 2014, S. 404f.).

Die Umsetzung dieser und weiterer Empfehlungen ist inzwischen Teil des „Pilgerweges der Gerechtigkeit und des Friedens", zu dem die Vollversammlung die Mitgliedskirchen, ökumenische Partnerorganisationen und alle Menschen guten Willens eingeladen hat (vgl. ÖRK 2013, abgedruckt in Link 2014, S. 344ff.). In der Überzeugung, dass der gerechte Friede nicht ein idealisiertes Ziel, sondern vielmehr ein Prozess ist, will der Pilgerweg Kirchen sowie ökumenische Friedensdienste und -netzwerke in Konfliktregionen

begleiten und unterstützen „in ihren Bemühungen um Gewalt-
verhinderung, Gewaltlosigkeit als Lebensform, gemeinschaftliche
Fürsprachearbeit und die Förderung internationaler Abkommen
und Gesetze" (ÖRK 2013, abgedruckt in Link 2014, S. 404). In den
letzten vier Jahren hat sich der ÖRK im Rahmen des Pilgerweges
auf eine intensive Begleitung von Kirchen in Korea, der Ukraine,
dem Nahen Osten (Libanon, Syrien, Irak), Israel und Palästina, Süd-
sudan, Burundi, Kolumbien, Philippinen, Nigeria und Kenia konzentriert. So äußerte sich der ÖRK in seinen jüngsten öffentlichen
Erklärungen (2016/17) zur Notwendigkeit eines politischen Dialogs
in Kenia, zur Bemühung um einen nachhaltigen Frieden in Burundi, zum bilateralen Waffenstillstandsabkommen in Kolumbien
sowie zum erfolgreichen Abschluss der Verhandlungen über eine
Konvention zur Ächtung von Atomwaffen. Für die Jahre 2016 und
2017 hat der Zentralausschuss die Aufgabe der Friedensförderung
in Situationen von Religion und Gewalt zum Schwerpunktthema
im Rahmen des Pilgerweges vorgeschlagen. Eine internationale
Friedenskonferenz in Bethlehem im Juni 2017 in Erinnerung an
50 Jahre Okkupation und zur Neuausrichtung des ökumenischen
Begleitprogramms für Palästina und Israel sowie der geplante
Aufbau eines christlich-muslimischen Beobachtungszentrums in
Nigeria konkretisieren diesen Schwerpunkt. Weitere inhaltliche
und regionale Schwerpunkte sind für die folgenden Jahre geplant.

6   Rechtserhaltende Gewalt und der Weg
zum gerechten Frieden

Es ist offenkundig, dass die Präzisierung von „Wegweisern zum
gerechten Frieden" die Gewichte innerhalb des ökumenischen Diskurses erkennbar in Richtung der Positionen der Friedenskirchen
verschoben hat. Aber es bleibt das ethische Dilemma, einerseits

auf der Herrschaft des Rechts zu bestehen und den völkerrechtlich legalen Einsatz von Waffengewalt in Notfällen anzuerkennen, und andererseits die ethische Rechtfertigung solcher Einsätze von militärischer Gewalt infrage zu stellen sowie die Berufung auf das Konzept des gerechten Krieges und dessen „übliche Anwendung" als obsolet zu erachten (vgl. ÖRK 2011, abgedruckt in Raiser und Schmitthenner 2012, S. 11). In indirekter Anlehnung an die Argumentation der Friedensdenkschrift der EKD, die sich mit ihrer ethischen Denkfigur der rechtserhaltenden Gewalt gleichfalls diesem Dilemma zu stellen versucht, formuliert der ökumenische Aufruf:

> „Das Dilemma lässt sich teilweise auflösen, unter der Voraussetzung, dass die Kriterien, die in der Tradition des gerechten Krieges entwickelt worden sind, weiterhin als Rahmen für eine Ethik des rechtmäßigen Einsatzes von Gewalt dienen können. Diese Ethik würde es zum Beispiel erlauben, sich ernsthaft einzulassen auf das Konzept des ‚just policing', auf die Entstehung einer neuen völkerrechtlichen Norm zur ‚Schutzpflicht' und die vertrauensvolle Anwendung der in der UN-Charta verankerten friedensstiftenden Mechanismen." (ÖRK 2011, abgedruckt in Raiser und Schmitthenner 2012, S. 12)

Der Widerspruch von friedenskirchlicher Seite gegen diesen Versuch, das ethische Dilemma aufzulösen, ist jedoch bereits deutlich geworden. Andererseits könnte sich die Denkfigur der rechtserhaltenden Gewalt, wie sie in der EKD-Denkschrift entwickelt worden ist, hier als anschlussfähig erweisen.

Aber möglicherweise ist das, was hier als ethisches Dilemma bezeichnet wird, ein Ausdruck der Spannung zwischen zwei unterschiedlichen Denkansätzen beziehungsweise Logiken. In der Denkfigur der rechtserhaltenden Gewalt geht es um Kriterien zur Durchsetzung des Rechts gegen offenkundiges Unrecht oder gegen den Bruch der Rechtsordnung. Das war auch die Logik hinter der

Tradition des gerechten Krieges. Insofern bleibt die Position der
EKD in ihrer Verantwortung für die Abwehr des Bösen in Gestalt
von Gewalt und Bedrohung der Herrschaft des Rechts der großkirchlichen Tradition verpflichtet. Der ökumenische Diskurs, wie
er sich in den zitierten Passagen des Aufrufs zum gerechten Frieden niedergeschlagen hat, versucht demgegenüber, nicht in erster
Linie von der Verantwortung zur Abwehr des Bösen, sondern von
der Gestaltwerdung des Friedens her zu denken. So heißt es zum
Abschluss seiner Überlegungen zum Einsatz von Waffengewalt:

> „Unser gemeinsames Leben drängt zur Konvergenz von Denken,
> Handeln und Recht auf das Ziel, Frieden zu stiften und aufzubauen.
> Als Christen und Christinnen verpflichten wir uns daher zu einem
> umgewandelten ethischen Diskurs, der die Gemeinschaft in der
> Praxis gewaltfreier Konflikttransformation anleitet und die Vor-
> aussetzungen schafft für Fortschritte auf dem Weg zum Frieden."
> (ÖRK 2011, abgedruckt in Raiser und Schmitthenner 2012, S. 12)

Dieser umgewandelte ethische Diskurs setzt daher nicht bei der
Frage des Umgangs mit Bedrohungen der Sicherheit oder dem Bruch
der Rechtsordnung an, sondern stellt die Aufgabe der Vertrauensbildung und der Überwindung des antagonistischen Freund-Feind-
Schemas an den Anfang. Er gründet in der Einsicht, dass gerechter
Friede die grundlegende Qualität des wechselseitigen Bezogenseins
innerhalb und zwischen gesellschaftlichen Gruppen bezeichnet,
die durch Machtmissbrauch verletzbar ist und daher immer neu
bekräftigt werden muss. Vorrangige Ziele sind die Transformation
von Macht- in Interessenkonflikte und deren Bearbeitung durch
die Erkundung von kooperativen Abhängigkeiten. Maßnahmen
zur Frühwarnung vor und Prävention von gewaltsamen Konflikten
sowie zur Schlichtung oder Mediation müssen verwurzelt sein in
der Verpflichtung zur Wahrhaftigkeit in der Kommunikation, der

Achtung der Partner einer konfliktiven Beziehung und dem Schutz der menschlichen Würde.

Solange die aus der Tradition des gerechten Krieges übernommenen Prüfkriterien weiterhin zur ethischen Rechtfertigung des Einsatzes militärischer Gewalt dienen, bleiben sie der traditionellen großkirchlichen Logik verhaftet. Es bleibt eine offene Frage – auf die auch der ökumenische Diskurs bisher keine überzeugende Antwort hat geben können –, ob sie sich ebenfalls als Kriterien für die Prüfung von Maßnahmen zur gewaltmindernden Transformation von Konflikten durch Polizeieinsätze im Sinne eines *just policing* (vgl. Schlabach 2007) eignen könnten oder ob dafür neue Prüfkriterien entwickelt werden müssten. Die dabei vorgenommene Differenzierung von militärischer und polizeilicher Gewalt geht jedoch von einem Verständnis der rechtsstaatlichen Funktion polizeilichen Handelns innerhalb eines geordneten Staatswesens aus, das durch vermehrte Erfahrungen von Polizeigewalt in innerstaatlichen Konflikten und durch Tendenzen zur zunehmenden Militarisierung der Polizei infrage gestellt wird. Es bedürfte jedenfalls weiterer Diskussionen, um zu prüfen, ob es sich hierbei tatsächlich um eine tragfähige Alternative zur militärischen Gewaltanwendung handelt.

Literatur

Church and Peace. 2011. Botschaft der Versammlung von Church and Peace für die Ökumenische Friedenskonvokation in Kingston/Jamaika. http://www.church-and-peace.org/wpcontent/uploads/2017/06/2011_Botschaft_I%C3%96FK.pdf. Zugegriffen: 26. September 2017.

Confession of Faith in a Mennonite Perspective. 1995. http://mennoniteusa. org/wp-conent/uploads/2015/03/ConfessionOfFaith_pamphlet2014_ LowRez.pdf. Zugegriffen: 26. September 2017.

Dahm, Harmjan. 2001. *Der Weltbund für Freundschaftsarbeit der Kirchen*. Frankfurt a. M.: Lembeck.

Die deutschen Bischöfe. 2000. *Gerechter Friede*. Bonn: Sekretariat der Deutschen Bischofskonferenz.

Enns, Fernando. 2012. *Ökumene und Frieden. Bewährungsfelder ökumenischer Theologie*. Bewährungsfelder ökumenischer Theologie. Neukirchen-Vluyn: Neukirchner Verlag.

Evangelische Kirche in Deutschland (EKD). 2007. *Aus Gottes Frieden leben – für gerechten Frieden sorgen. Eine Denkschrift des Rates der Evangelischen Kirche in Deutschland*. Gütersloh: Gütersloher Verlagshaus.

Land, Richard. 2002. Brief an den US-amerikanischen Präsidenten George W. Bush vom 3. Oktober 2002. http://www.drrichardland.com/ press/entry/the-so-called-land-letter. Zugegriffen: 26. September 2017.

Link, Hans-Georg, Dagmar Heller, Konrad Raiser und Barbara Rudolph (Hrsg.). 2014. *Offizieller Bericht der Zehnten Vollversammlung des ÖRK 2013 in Busan*. Leipzig: Evangelische Verlagsanstalt und Paderborn: Bonifatius Verlag.

Müller-Römheld, Walter (Hrsg.). 1983. *Offizieller Bericht der Sechsten Vollversammlung des ÖRK 1983 in Vancouver*. Frankfurt a. M.: Lembeck.

Panorthodoxes Konzil. 2016. The Mission of the Orthodox Church in Today's World. https://www.holycouncil.org/-/mission-orthodox-church-todays-world. Zugegriffen: 26. September 2017.

Rahner, Karl und Herbert Vorgrimmler (Hrsg.). 1966. *Kleines Konzilskompendium*. Freiburg: Herder.

Raiser, Konrad und Ulrich Schmitthenner (Hrsg.). 2012. *Gerechter Friede*. Münster: LIT.

Russisch-Orthodoxe Kirche (ROK), Der bischöfliche Jubiläumssynod. 2000. *Die Grundlagen der Sozialdoktrin der Russisch-Orthodoxen Kirche*. Moskau: ROK (Übers. der Konrad-Adenauer-Stiftung. http:// www.kas.de/wf/doc/kas_1369-1522-1-30.pdf?111012154759. Zugegriffen: 26. September 2017).

Sattler, Michael. 1527. Schleitheimer Artikel. http://www.glaubensstimme. de/doku.php?id=bekenntnisse:die_schleitheimer_artikel. Zugegriffen: 26. September 2017.

Schlabach, Gerald W. (Hrsg.). 2007. *Just Policing, Not War. An Alternative Response to World Violence.* Collegeville, Minnesota: Liturgical Press.

Stierle, Wolfram, Dietrich Werner und Martin Heider (Hrsg.). 1996. *Ethik für das Leben.* Rothenburg o. d.T.: Ernst Lange Institut.

Werkner, Ines-Jacqueline. 2018. Kirchliche Diskurse um die Anwendung militärischer Gewalt. Eine empirische Perspektive. In *Gewalt in der Bibel und in kirchlichen Traditionen*, hrsg. von Sarah Jäger und Ines-Jacqueline Werkner, 87-116. Wiesbaden: Springer VS.

Yoder, John Howard. 2001. *When War is Unjust. Being Honest in Just War-Thinking.* 2. Aufl. Eugene, Or.: Wipf and Stock Publishers.

Rechtserhaltende Gewalt im Kontext einer komplexen Friedensagenda

Lothar Brock

1 Einleitung

Ein zentrales Anliegen der Friedensdenkschrift der Evangelischen Kirche in Deutschland (EKD 2007) besteht darin, die internationale Ordnung vom gerechten Frieden her zu denken statt vom gerechten Krieg. Die zeitgeschichtliche Aktualität dieses Anliegens ergab sich aus der Befürchtung, dass die nach dem Ende des Ost-West-Konflikts sich abzeichnende Wiederbelebung der Lehre vom gerechten Krieg der Bewahrung (und dem Ausbau) der von der UN-Charta intendierten Friedensordnung als internationale Rechtsordnung entgegenwirken würde. Das empirische Erfahrungsfeld, auf das sich diese Befürchtung bezog, waren die Eingriffe der sich selbst als „internationale Gemeinschaft" verstehenden liberalen Demokratien in innerstaatliche Konflikte des globalen Südens sowie der *war on terror*. Zur Diskussion stand aber nicht die Tagespolitik, vielmehr ging es um Grundfragen einer Friedensethik im Kontext fortdauernder – wenn sich auch ständig wandelnder – Gewaltverhältnisse. Der Friedensdenkschrift der EKD vorausgegangen war der konziliare Prozess der 1980er Jahre, der mit der Ausrichtung

© Springer Fachmedien Wiesbaden GmbH, ein Teil von Springer Nature 2019
I.-J. Werkner und T. Meireis (Hrsg.), *Rechtserhaltende Gewalt – eine ethische Verortung*, Gerechter Frieden, https://doi.org/10.1007/978-3-658-22499-8_6

der Friedensethik am gerechten Frieden die friedenspolitischen Konsequenzen aus dem nuklearen Wettrüsten und dem post-kolonialen Nord-Süd-Konflikt zog. Das Hirtenwort der deutschen Bischöfe zum gerechten Frieden aus dem Jahre 2000 bekräftigte die biblische Friedensbotschaft in einer Welt der Gewalt. Zeitgleich mit der Erarbeitung der Denkschrift wurde im Kontext des Ökumenischen Rates der Kirchen eine global ausgerichtete „Dekade zur Überwindung von Gewalt" (2001-2010) einberufen.

Inzwischen haben sich die Probleme, auf die sich die Denkschrift und die ihr voraufgegangenen oder sie begleitenden Diskurse beziehen, weiter verschärft. Der Bedarf an Orientierungswissen steigt dramatisch. Umso dringlicher stellt sich die Aufgabe, die Denkanstöße der Denkschrift daraufhin zu überprüfen, inwieweit sie als Bausteine für eine Friedensethik dienen können, die es erlaubt, sich in den realen Gewaltverhältnissen ohne falsche Erwartungen zurechtzufinden und ihnen mit begründeten Hoffnungen entgegenzutreten (vgl. Werkner 2018). Dabei spielt die Denkfigur der rechtserhaltenden Gewalt eine ebenso wichtige wie widersprüchliche Rolle. Sie soll einen Weg vom gerechten Krieg zum gerechten Frieden bahnen, indem sie die Anwendung von Gewalt an die Aufrechterhaltung oder Herausbildung einer Rechtsordnung bindet, unter der Frieden sich als Abbau manifester Gewalt und Zunahme von Gerechtigkeit entfalten kann. Aber das Verhältnis von Recht und Gewalt ist unter friedensethischen Gesichtspunkten genauso spannungsreich, wie das zwischen Gerechtigkeit und Frieden (vgl. Hellmann 2013).

Der damalige Ratsvorsitzende Bischof Wolfgang Huber schrieb in seinem Vorwort zur Friedensdenkschrift der EKD: „Übereinstimmend werden in dieser Denkschrift Grundsätze und Maximen vertreten, die ebenso einfach wie überzeugend sind" (EKD 2007, S. 9). Die Ausarbeitung dieser Grundätze und Maximen verweist jedoch darauf, dass es sich hier um eine höchst komplexe Problematik handelt; denn es geht hier nicht um die Enumeration erstrebenswerter Dinge, sondern auch um die Thematisierung der tieferen Zusammenhänge wie auch möglicher Widersprüche zwischen ihnen. So setzt der Begriff des gerechten Friedens, wie ihn die EKD versteht, zwar Gerechtigkeit und Frieden nicht in eins, das Leitbild geht vielmehr von einem „unauflösliche[n] Zusammenhang von Frieden und Gerechtigkeit" (EKD 2007, Ziff. 2) aus. Dieser Zusammenhang ist jedoch nicht prinzipiell positiv, sondern kann sich auch in scharfen Konflikten manifestieren. Den meisten Kriegen und gewaltsam ausgetragenen Konflikten liegen miteinander konkurrierende oder sich gegenseitig ausschließende Gerechtigkeitsansprüche zugrunde. Genauso wie Frieden und Gerechtigkeit bilden also auch Gerechtigkeit und Konflikt einen unauflöslichen Zusammenhang.

Nicht weniger kompliziert ist das Verhältnis von Recht und Gewalt, das im Mittelpunkt des vorliegenden Textes steht: In der Rede von der rechtserhaltenden Gewalt wird die Gewalt dem Recht zugeordnet. Das heißt, dass unter bestimmten Umständen die Durchsetzung des Rechts die Anwendung von Gewalt erfordert, aber nur diejenige Gewalt erlaubt sein soll, die dem Recht dient. Das klassische Beispiel für eine rechtserhaltende Gewalt in diesem Sinne ist die Polizei in einem wohlgeordneten Staatswesen. Jedoch kann auch die Ausübung von Gewalt, die dem Recht zugeordnet ist, Unrecht verbreiten, und zwar im Namen des Rechts.

Die Erarbeitung von Orientierungswissen zum gerechten Frieden darf solche Paradoxien nicht bemänteln oder unter den Teppich kehren. Vielmehr müssen sie theoretisch reflektiert und – soweit möglich – im Sinne einer „prinzipiengeleiteten Pragmatik" (Ebeling 2018, S. 14) in praktische Handlungsoptionen übersetzt werden. Was das heißt, soll hier mit Blick auf die rechtserhaltende Gewalt skizziert werden. Dabei konzentriert sich der Beitrag auf die Frage, wie die Leitfigur der rechtserhaltende Gewalt sich zum Begriff des Friedens verhält, der in der Denkschrift vertreten wird.

2   Eine komplexe Friedensagenda: Begründung und Fallstricke

Der Begriff des Friedens ist umstritten. In der neueren Debatte herrscht Einigkeit nur darüber, dass Frieden mehr ist als die Abwesenheit des Krieges. Was aber bezeichnet dieses Mehr? Unter dem Eindruck der nuklearen Konfrontation zwischen Ost und West im Kalten Krieg bestand kein Zweifel daran, dass der Begriff des Friedens sich vor allem anderen auf die Vermeidung von und den Schutz vor physischer Gewalt in Gestalt eines Krieges mit Nuklearwaffen bezog. Aber nicht nur die lange Geschichte blutiger innergesellschaftlicher und zwischenstaatlicher Auseinandersetzungen über Grundfragen des menschlichen Zusammenlebens im globalen Norden, sondern auch die akute Zuspitzung solcher Auseinandersetzungen in der damals sogenannten Dritten Welt sowie im Nord-Süd-Verhältnis legten es ungeachtet einer drohenden atomaren Selbstvernichtung der Menschheit nahe, sich auf einen weiten Friedensbegriffs zu beziehen.

Der Friedensforscher Johan Galtung lieferte hierzu mit seiner Unterscheidung zwischen einem negativen und einem positiven Frieden einen bedeutsamen Beitrag. Der negative Friede sollte für die Abwesenheit des Krieges, der positive für die Überwindung struktureller Gewaltverhältnisse stehen, die Galtung als Differenz zwischen den möglichen und den faktischen Lebens- und Entfaltungschancen aller Menschen verstand. Das trug zur Strukturierung der Auseinandersetzungen um das „Mehr" des Friedens bei, konstruierte aber eine Allzuständigkeit des Strebens nach Frieden für die Regelung des gesellschaftlichen Zusammen-

lebens und machte es damit praktisch unmöglich, die Arbeit am
Frieden gegenüber anderen öffentlichen Anliegen abzugrenzen.
Deshalb folgt die EKD-Denkschrift einen Ansatz, der sich auf
Minimalstandards des menschlichen Wohllebens und des öffent-
lichen Anstands bezieht, ohne sich damit auf die Abwesenheit des
Krieges als zentralem Unterscheidungskriterium zu beschränken.
Die Denkschrift benennt im Rückgriff auf einschlägige Texte der
friedenswissenschaftlichen Literatur (Picht 1971, Senghaas und
Senghaas-Knobloch 2017) vier Dimensionen des Friedens:

- die Vermeidung von und den Schutz vor physischer Gewalt,
- die Förderung der Freiheit als Bedingung für ein Leben in
  Würde,
- den Abbau von Not und
- die Anerkennung kultureller Vielfalt als Voraussetzung dafür,
  dass „identitätsbestimmte Konflikte" konstruktiv bearbeitet
  werden können (EKD 2007, Ziff. 78-84).

Trotz des Versuchs, Minimalbedingungen des Friedens zu be-
nennen, die aus der Sicht einer aufgeklärten Öffentlichkeit als
universell konsensfähig gelten können, handelt es sich im Ergebnis
aber doch um einen weiten Friedensbegriff, mit dem eine komplexe
Friedensagenda verbunden ist. Der Frieden wird hier – wie oben
erwähnt – nicht mit der Gerechtigkeit in eins gesetzt, gleichwohl
gilt, dass der Abbau von Gewalt über das Zusammenwirken der
vier Dimensionen des Friedens mit der Ausweitung der Gerechtigkeit einhergehen soll. Wenn dem so ist, wäre es naheliegend,
die Denkfigur der rechtserhaltenden Gewalt nicht allein der ersten
Dimension des Friedens zuzuordnen, also der Vermeidung von
und dem Schutz vor physischer Gewalt, sondern auch auf die
Förderung der Freiheit, den Abbau von Not und die Anerkennung
kultureller Vielfalt zu beziehen. Mit anderen Worten, wenn der

Schutz vor Gewalt für sich genommen nicht identisch sein soll mit der Förderung der anderen drei Dimensionen des Friedens (nach der Faustregel: je stärker der Schutz vor Gewalt, desto größer die gesellschaftliche Wohlordnung), dann stellt sich die Frage, inwieweit und wie die rechtserhaltende Gewalt in den drei anderen Dimensionen des Friedens zur Geltung kommt. Hier wäre etwa an die Förderung der Freiheit durch einen extern (militärisch) forcierten Regimewechsel zu denken (zweite Dimension), an den Abbau von Not durch den erzwungenen Zutritt der internationalen Gemeinschaft zu innerstaatlichen Katastrophengebieten oder zur Regierungsführung in einem fragilen Staat (dritte Dimension) und an humanitäre Interventionen zum Schutz von Minderheiten (vierte Dimension). Genau hier ergibt sich jedoch ein Problem. Es liegt auf der Hand, dass bei einer solchen Anwendungspraxis die Denkfigur der rechtserhaltenden Gewalt einer Erweiterung der Rechtfertigungssemantik für die Anwendung von Gewalt dienen würde. Und genau das ist es, was der gegenwärtigen Entfremdung zwischen globalem Norden und globalem Süden zugrunde liegt. Das sei hier kurz erläutert.

Galtungs Unterscheidung zwischen direkter und struktureller Gewalt eröffnete die Möglichkeit, Gewalt von unten (z. B. in Gestalt nationaler Befreiungsbewegungen) als Antwort auf die strukturelle Gewalt der globalen Herrschaftsverhältnisse in der post-kolonialen Epoche zu verstehen – aber mit diesen auch aufzurechnen. In diesem Sinne konnte man sich dafür aussprechen, emanzipatorische Bewegungen (in der Dritten Welt) auch dann zu unterstützen, wenn sie gewaltsam vorgingen. Für die Kirchen wurde das unter anderem im Streit um die Unterstützung des *African National Congress* (ANC) in Südafrika akut. Der Widerstand des ANC gegen die Apartheid wurde von seinen Unterstützern nicht als Störung des Friedens, sondern als Voraussetzung für Frieden verstanden.

Die Erweiterung des Friedensbegriffs kann also das friedensethische Gewaltproblem verschärfen, das darin besteht, dass Kritik und Legitimation von Gewalt eng aufeinander bezogen sind. Je kritischer bestehende Gewaltverhältnisse gesehen werden, desto eindringlicher stellt sich die Frage, ob ihnen nicht notfalls mit Gewalt begegnet werden muss. In den Dekaden nach der Auflösung der Kolonialreiche bot sich die Kritik struktureller Gewalt in diesem Sinne zur Rechtfertigung emanzipatorischer Gewalt (in Gestalt nationaler Befreiungsbewegungen) an.

In den 1990er Jahren verkehrte sich diese Sichtweise auf das Verhältnis von Gewalt und Gegengewalt. Unter dem Eindruck sogenannter neuer Kriege, in denen emanzipatorische Anliegen nur schwer auszumachen waren (und sind), wurde der Ruf nach einer Neuorientierung der internationalen Politik laut. Wurde bis dahin gefragt, ob es zulässig sei, auf Gewalt von oben mit Gewalt von unten zu reagieren, ging es nach dem Ende des Ost-West-Konflikts darum, inwieweit auf Gewalt von unten, also auf die Gewalt der „neuen Kriege" (Chinkin und Kaldor 2017) mit Gewalt von oben (der internationalen Gemeinschaft) reagiert werden dürfe. Hier ging es insbesondere um die „humanitäre Intervention".

Das Bekenntnis zur Notwendigkeit humanitärer Interventionen ging mit einer Aufwertung des Einzelnen und seiner Lebensgemeinschaften als Bezugsgröße der internationalen Politik einher. Dem entsprach das Konzept der menschlichen Sicherheit, das das Entwicklungsprogramm der Vereinten Nationen dem vorherrschenden Konzept der nationalen Sicherheit entgegenstellte. Amartya Sen (1999) definierte die menschliche Sicherheit als Freiheit von Gewalt, Freiheit von Not und Freiheit, für die eigenen Belange einzutreten. Damit wurden – wie mit den Friedensdimensionen in der EKD-Denkschrift – normative Standards für die internationale Politik gesetzt, die ihrerseits auf eine komplexe Friedensagenda hinausliefen. Hinzu kamen Bemühungen des UN-Generalsekretariats,

die staatliche Souveränität als Verantwortung jeder Regierung für
den Schutz der ihr anvertrauten Bevölkerung neu zu definieren
(Deng et al. 1996). Diese Verantwortung besteht gegenüber der
Bevölkerung, aber auch gegenüber der internationalen Gemeinschaft, die sie im Zweifelsfalle gewaltsam zur Geltung bringen muss.

Aus dieser insbesondere von den liberalen Demokratien ange-
strebten Neuausrichtung des Bezugsfeldes internationaler Politik
ergab sich ein erweiterter internationaler Handlungsbedarf. Und
hier liegt der Hase im Pfeffer; denn der Anerkennung eines erweiterten Handlungsbedarfs entsprach und entspricht bis heute keine
Ausweitung der kollektiven Handlungsfähigkeit der internationalen
Gemeinschaft. Zwar nahm sich der UN-Sicherheitsrat vorüberge-
hend der neuen Agenda an, indem er die systematische Verletzung
der Rechte von Minderheiten (erste und vierte Friedensdimension
– Irak 1991), den Zusammenbruch der öffentlichen Ordnung in
einem Land (zweite und dritte Friedensdimension – Somalia 1992),
die gewaltsame Unterbrechung eines Demokratisierungsprozesses
(zweite Friedensdimension – Haiti 1994) und die schwerwiegende
Missachtung der Menschenrechte (erste und zweite Friedensdimension – Zerfallskriege in Jugoslawien) als Gefährdung der
internationalen Friedens definierte und sie damit für den Einsatz
von Zwangsgewalt nach Kapitel VII der UN-Charta öffnete. Aber
die dafür erforderliche Konsensbildung zwischen den Veto-Mäch-
ten des Sicherheitsrates erschöpfte sich schnell. Schon im Falle des
Krieges zwischen Kroatien und Serbien stellten die USA den Sicherheitsrat durch eigene Militäraktionen vor vollendete Tatsachen
(Dayton-Abkommen). Im Falle des Kosovo-Krieges ging die NATO
einen entscheidenden Schritt weiter. Da der Sicherheitsrat zwar
eine Gefährdung des internationalen Friedens festgestellt hatte, ein
Konsens über den Einsatz von militärischer Gewalt aber nicht zu
erwarten war, ging die NATO nach ergebnislosen Verhandlungen
mit der Regierung von Slobodan Milosovic und der Kosovarischen

Befreiungsbewegung (UCK) ohne Zustimmung des Sicherheitsrates mit massiver militärische Gewalt gegen Serbien vor. Dabei wurde unter anderem argumentiert, dass nur so schwerwiegende Menschenrechtsverletzungen an den Kosovaren (erste und zweite Friedensdimension) hätten verhindert werden können.

Auf Druck der Bundesregierung wurde der Fall nach der Kapitulation der serbischen Regierung sofort wieder an den Sicherheitsrat zurückgebunden. Letzterer billigte die mit Milosovic getroffene Friedensvereinbarung und setzte eine in diesem Umfang präzedenzlose internationale Verwaltung für den Kosovo ein. Die Erfahrungen der 1990er Jahre mit militärischen Eingriffen in innerstaatliche Konflikte unterstrichen die Notwendigkeit, die Handlungsfähigkeit der internationalen Gemeinschaft im Einklang mit der UN-Charta zu verbessern. Dem versuchte insbesondere der damalige UN-Generalsekretär Kofi Annan durch eine breit diskutierte Reformagenda für die UN zu entsprechen. Aber die Ergebnisse des „Reformgipfels" von 2005 blieben hinter dem Bedarf weit zurück. Zwar wurden die *Responsibility to Protect* (als Alternative zur humanitären Intervention) eingeführt und die Menschenrechtsarbeit der Vereinten Nationen neu organisiert. Das war jedoch zu wenig, um den Kosovo-Krieg im Nachhinein als einen Vorgriff auf eine angemessen institutionalisierte Weltordnung (Habermas 2000) zu werten.

Hier zeigt sich, dass eine komplexe Friedensagenda, hinter der die Handlungsfähigkeit der internationalen Gemeinschaft zurückbleibt, zu vermehrten Konflikten führen kann. Das war absehbar. Wie der Publizist Cord Riechelmann (2009, S. 38) es in einer Besinnung über die christlichen Grundlagen des liberalen Universalimus etwas salopp, aber treffend ausdrückte: „Bisher Unerhörtes lässt sich nicht ohne Kampf unter die Leute bringen". Die Zivilisationsgeschichte ist voll von entsprechenden Kämpfen. So auch die Gegenwart: Der große Fortschritt, der darin besteht, allen die gleiche Würde zuzugestehen, eröffnet einem mächtigen Akteur die Möglichkeit, die eigenen Vorstellungen von Würde allen anderen aufzunötigen, wenn nicht aufzuzwingen. In den 1990er Jahren bildeten die liberalen Demokratien solche Akteure. Sie betrieben unter Führung der USA eine Politik, die darauf hinauslief, materielle Standards durchzusetzen, denen eine Regierung entsprechen muss, um ihrer Verantwortung für die eigene Bevölkerung und gegenüber der internationalen Gemeinschaft nachzukommen (Demokratie, Menschenrechte, ausgewogene Sicherheitspolitik, marktorientierte Wirtschaftspolitik). Damit konnte „defizitären" Regierungen eine bestimmte Reformpolitik vorgegeben werden, die notfalls auch erzwungen werden sollte.

Man könnte hier von einer Agenda der substanziellen Verrechtlichung der internationalen Beziehungen sprechen, in der aber eine entsprechende Weiterentwicklung der prozeduralen Normen der internationalen Politik nicht vorgesehen war. Das lag nicht nur an widerspenstigen Staaten außerhalb der Gruppe der liberalen Demokratien, sondern an den liberalen Demokratien selbst. Sie befürworteten die Ausweitung der materiellen Anforderung an eine legitime Regierungsführung, waren aber ebenso wenig wie Russland oder China bereit, die Verfahrensweise des Sicherheitsrates und die Handlungskapazitäten der Vereinten Nationen substanziell auszuweiten. Im Gegenteil: Die Konstruktion eines erweiterten Handlungsbedarfs bei nachhinkender Handlungsfähigkeit der internationalen Gemeinschaft konnte als Lücke zwischen den materiellen Anforderungen an die internationale Friedenspolitik und den prozeduralen Vorgaben der UN-Charta interpretiert werden, die im Zweifelsfalle durch eigenmächtiges Handeln der liberalen Demokratien geschlossen werden musste (kritisch Fischer-Lescano 2005). Statt die Staatenwelt auf einen prozedural gestärkten Multilateralismus zu verpflichten, konnte auf diesem Wege der

Handlungsspielraum einzelner Staaten oder Staatengruppen nach eigenem Ermessen erweitert werden.

Aus der Sicht des globalen Südens wurde die Ausdifferenzierung der internationalen Friedensagenda zu einem hegemonialen Projekt der liberalen Demokratien, das mit dem von liberaler Seite vertretenen Universalismus oder Kosmopolitanismus nur notdürftig bemäntelt wurde. Mit anderen Worten, je weiter der liberale Westen die Anforderungen an legitimes Regieren (auch mit Hilfe eines umfassenden Friedensbegriffs) hochschraubte und in einer interventionistischen Politik zur Geltung brachte, desto größer wurde das Misstrauen des globalen Südens. Das manifestiert sich heute in zunehmendem Widerstand gegen die normativen Vorgaben der liberalen Demokratien für eine angemessene Regierungsführung. Wie empfindlich der globale Süden inzwischen auf jeden Versuch einer Ausweitung der materiellen Anforderungen an legitimes Regieren reagiert, zeigte sich zuletzt bei der Verabschiedung der *Sustainable Development Goals* im Jahre 2015. Der jahrelange Verhandlungsprozess drohte bis zu seinem Abschluss an dem Einspruch der Entwicklungsländer zu scheitern. Dieser Einspruch richtete sich gegen den vorgesehenen Artikel 16 des Dokuments. Artikel 16 formuliert unter anderem Anforderungen an eine gute Regierungsführung und einen konstruktiven Umgang mit innerstaatlichen Konflikten. Obwohl diese Anforderungen eher zurückhaltend formuliert wurden, wurde die Aufnahme dieses Artikels in die *Sustainable Developments Goals* von den Staaten des Südens als Konstruktion eines Vorwandes für eine Einmischung in die inneren Angelegenheiten interpretiert. Umso dringlicher stellt sich angesichts dieses Misstrauens die Frage, inwieweit die Denkfigur der rechtserhaltenden Gewalt dazu beitragen kann, die Lücke zwischen Handlungsbedarf und Handlungsfähigkeit der internationalen Gemeinschaft zu schließen, statt diese Lücke durch den Rückgriff auf die Lehre vom gerechten Krieg (wie hier argumentiert wird) noch zu vergrößern.

3   Rechtserhaltende Gewalt *versus* gerechter Krieg

Bekanntlich löste der Kosovo-Krieg eine heftige Debatte über die Rechtmäßigkeit der Gewaltanwendung aus. Während die Kritiker des Krieges darauf abstellten, dass es sich um einen Bruch des Völkerrechts mit gravierenden Konsequenzen für die Völkerrechtsordnung gehandelt habe, rekurrierten Befürworter unter anderem auf die Zulässigkeit von humanitären Interventionen, weil für sie das Gewaltverbot nach Artikel 2, Absatz 4 der UN-Charta nicht gelte oder von der gewohnheitsrechtlichen Zulässigkeit humanitärer Interventionen ausgegangen werden könne. Eine dritte Position stellte darauf ab, dass der Kosovo-Krieg zwar illegal aber legitim gewesen sei – illegal mit Blick auf die fehlende Autorisierung durch den Sicherheitsrat, legitim hinsichtlich des moralischen Gebots, Menschen in Not zu schützen, auch wenn dies auf eine Verletzung des positiven Rechts hinausliefe (Merkel 2000). Die Unsicherheit bei der Einschätzung des Kosovo-Krieges im Lichte voraufgegangener Massenverbrechen, bei denen nicht eingegriffen worden war (Ruanda und Srebrenica), kam einem Rückgriff auf die Lehre vom gerechten Krieg entgegen, weil sich damit ein normativer Rahmen für die Beurteilung der Angemessenheit militärischer Eingriffe bot. Wenn eine solche Beurteilung nicht den persönlichen Vorlieben oder Erfahrungen des Einzelnen überlassen bleiben soll, bedarf es bestimmter, allgemein akzeptierter Kriterien, nach denen die Urteilsbildung erfolgt. Solche Kriterien liefert bekanntlich die Lehre vom gerechten Krieg. Sie soll hier nicht rekapituliert werden. Ich lasse es damit bewenden, dass die Lehre vom gerechten Krieg durchaus als Friedensethik gelten kann; denn sie stellt darauf ab, dass die Anwendung von Gewalt stets problematisch und von daher stets begründungsbedürftig ist (vgl. Rudolf 2017). Gleichwohl lehnt die EKD-Denkschrift (ebenso wie die Stellungnahme der deutschen Bischöfe zum gerechten Frieden aus dem Jahr 2000) einen Rückgriff auf die Lehre vom gerechten Krieg ab. Sie tut dies mit dem Argument, dass die historischen Bedingungen, unter denen die Lehre sinnvoll gewesen sei, nicht mehr bestünden. Es sei vielmehr eine internationale Rechtsordnung entstanden, in der sich die Frage nach der Rechtfertigung des Gewaltgebrauchs neu stelle. Das soll unter der Perspektive des gerechten Friedens geschehen. Dieser Perspektivwechsel schließt aus der Sicht der Denkschrift eine Beibehaltung von Prüfkriterien, die sich an die Lehre vom gerechten Krieg anlehnen, nicht aus. Denn diesen Prüfkriterien

> „liegen Maßstäbe zugrunde, die nicht nur für den Kriegsfall Geltung beanspruchen, sondern die sich (ausgehend vom Gendanken individueller Notwehr oder Nothilfe) ebenso auf das Polizeirecht, die innerstaatliche Ausübung des Widerstandsrechts und eines legitimen Befreiungskampfes beziehen lassen. Ihnen liegen allgemeine Kriterien einer Ethik rechterhaltender Gewalt zugrunde" (EKD 2007, Ziff. 102).

Wird die Gewaltlegitimation, die man mit der Distanzierung vom gerechten Krieg zur Vordertür der internationalen Völkerrechtspolitik hinauswirft, in Gestalt der rechtserhaltenden Gewalt doch wieder durch die Hintertür des gerechten Friedens hereingeholt? Diese Frage ließe sich aus der Sicht derjenigen, die die Lehre vom gerechten Krieg befürworten, durchaus und womöglich sogar mit einem Gefühl der Genugtuung bejahen. Das ginge jedoch an der Sache vorbei: *Zum einen* kann und muss aus der Sicht der Verfechter des gerechten Friedens geantwortet werden, dass der geforderte Perspektivenwechsel vom gerechten Krieg zum gerechten Frieden der Abwehr von Entwicklungen in der internationalen Politik galt und weiterhin gilt, die einem Ausbau der von den Vereinten Nationen vorgegebenen Rechtsordnung zu einer Weltfriedensordnung im Wege stehen; *zum zweiten* wäre geltend zu machen, dass die rechtserhaltende Gewalt als Teil einer komplexen Friedensagenda zu verstehen ist, die weit über die Ausdifferenzierung von Kriterien für die Zulässigkeit von Gewalt hinausgeht.

Zum ersten Argument: Im zeitgeschichtlichen Kontext, in dem die Friedensdenkschrift der EKD entwickelt wurde, stand die Weiterentwicklung des Friedens als (Welt-)Rechtsordnung gegen das Projekt eines „demokratischen Friedens", bei dessen Durchsetzung „demokratische Kriege" eine wichtige Rolle spielten (Geis et al. 2006). Der Rückgriff auf die Lehre vom gerechten Krieg war geeignet, den für solche Kriege erforderlichen normativen Handlungsspielraum zu erweitern. Denn bei der Lehre vom gerechten Krieg steht nicht die Frage der positiv-rechtlichen Zulässigkeit, sondern der (moralischen) Angemessenheit von Gewalt als Gegengewalt im Vordergrund. Das heißt zugleich, dass es der Lehre vom gerechten Krieg nicht um die Aufrechterhaltung (und Weiterentwicklung) der internationalen Rechtsordnung zu einer Weltfriedensordnung geht, sondern um die Pflicht der Staaten, selbst nach den Kriterien, die die Lehre vom gerechten Krieg vorgibt, über die Zulässigkeit des Gewalteinsatzes zu entscheiden. Die Entscheidung darüber hängt nicht von einer internationalen *Instanz* ab, sondern vom Ermessen der Einzelstaaten.

Zwar kann man, wie dies vielfach aus der Sicht der christlichen Friedensethik geschehen ist, das Kriterium der rechtmäßigen Autorität auf den Sicherheitsrat beziehen (vgl. Haspel 2009, 2013; Hoppe und Schlotter 2017), in der konkreten Situation der 1990er und frühen 2000er Jahre ging es aber insbesondere den USA nicht um die Aufwertung des Sicherheitsrates als Instanz der Weltpolitik, sondern um die Ausweitung des eigenen normativen

Handlungsspielraumes im Umgang mit den Konflikten der Gegenwart. Das manifestierte sich in der Rahmung des Angriffs auf die afghanischen Taliban als Maßnahme im Einklang mit dem Selbstverteidigungsrecht nach Artikel 51 der UN-Charta und in der Art und Weise, wie die Koalition der Willigen im Vorfeld des Irakkrieges von 2003 sich auf die Beschlüsse des Sicherheitsrates von 1991 berief, um gerade dadurch den Sicherheitsrat aus einer weiteren Beschlussfassung zur Sache herauszuhalten. Das Streben nach Erweiterung des eigenen Handlungsspielraumes zeigte sich auch im Widerstand gegen jegliche Einschränkung des Vetos im Sicherheitsrat und in dem Versuch, in das Recht auf Selbstverteidigung die Abwehr möglicher zukünftiger Bedrohungen der Sicherheit eines Landes einzubeziehen, also präemptive (eigentlich präventive) Abwehrmaßnahmen jenseits des gewohnheitsrechtlich akzeptierten Vorgriffs auf einen unmittelbar bevorstehenden Angriff zu erlauben (Nationale Sicherheitsstrategie der USA von 2002). Auch dabei berief sich die Bush-Administration auf das Völkerrecht. Eine entsprechende Praxis würde aber einen Grundpfeiler des UN-Systems unterminieren und das Recht auf Selbstverteidigung in ein Recht auf Angriff umwandeln.

Der Einwand gegen diese Kritik, dass bei der Beurteilung der von den liberalen Demokratien betriebenen Völkerrechtspolitik Unterschiede zwischen dem angelsächsischen und dem kontinentaleuropäischen Völkerrechtsverständnis zu berücksichtigen seien, führt hier nicht weiter. Dieser Einwand geht davon aus, dass das Völkerrecht aus angelsächsischer Sicht die Staaten befähigen solle, ihre legitimen Interessen gegenüber anderen Staaten zu vertreten, während aus kontinentaleuropäischer Perspektive eher die Einschränkung einzelstaatlicher Handlungsspielräume (Stärkung des Multilateralismus) im Vordergrund stünde. Abgesehen davon, dass es sich hier eher um eine idealtypische Gegenüberstellung unterschiedlicher Sichtweisen auf die Funktion des Völkerrechts

als um kulturspezifische Differenzen handelt, könnte die Betonung solcher Differenzen als Freibrief dafür genutzt werden, die
Unterminierung der geltenden internationalen Rechtsordnung
als Ausdruck einer spezifischen Sichtweise auf das Völkerrecht
zu erklären und damit implizit zu rechtfertigen.

Damit zum zweiten Argument, das dagegen spricht, dass es sich
bei der rechtserhaltenden Gewalt um eine Variante des gerechten
Krieges handeln könnte. Es besagt, dass das Konzept der rechtserhaltenden Gewalt als Teil eines umfassenden Ansatzes für die
Aufrechterhaltung der bestehenden internationalen Rechtsordnung und ihre Weiterentwicklung zu einer Weltfriedensordnung
zu verstehen ist. Der Kriterienkatalog der Lehre vom gerechten
Krieg wird unter dieser Perspektive historisiert. Er steht nicht für
zeitlos gültige Standards zur Beurteilung von immer wiederkeh-
render Gewalt, sondern für die kritische Auseinandersetzung mit
praktizierter Gewalt unter der Zielperspektive, eine angemessen
institutionalisierte Weltordnung zu schaffen. Die Lehre vom gerechten Krieg schließt die Berücksichtigung des historischen
Kontextes zwischenstaatlicher Gewalt nicht aus, sie macht sie aber
nicht zu ihrem Thema wie das bei der Denkfigur der rechtserhaltenden Gewalt der Fall ist – oder, genauer formuliert, wie das der
Fall sein sollte, wenn die rechtserhaltende Gewalt sich von der
Lehre vom gerechten Krieg unterscheiden soll. Es waren also die
Historisierung und die damit verbundene Politisierung des Urteils
über den Einsatz von Gewalt, in denen das tendenziell friedensstiftende Potenzial der Denkfigur der rechtserhaltenden Gewalt als
Gegenbegriff zur Lehre vom gerechten Krieg in Erscheinung tritt.
„Tendenziell friedensstiftend" ist dabei eine heikle Qualifizierung
des Gewaltgebrauchs als Friedenspolitik. Denn die Anwendung
rechtserhaltender Gewalt ist ja ihrerseits kein tendenzieller, sondern
ein akuter Akt, und was dessen mittel- und langfristige Folgen
sind, ist im Augenblick der Entscheidung kaum absehbar. Wie

die jüngste Vergangenheit zeigt, ist stets mit nicht-beabsichtigten Folgewirkungen zu rechnen, die sogar gravierender sein können als der ursprüngliche Sachverhalt, auf den die Anwendung rechtserhaltender Gewalt reagiert. Hier kommt ein weiteres Problem in den Blick: Wie steht es mit der Entwicklung der rechtserhaltenden Gewalt selbst im Rahmen eines Friedensprozesses, der als abnehmende Gewalt und zunehmende Gerechtigkeit verstanden wird? Eine komplexe Friedensagenda verweist darauf, dass Frieden nicht in erster Linie durch friedenstiftenden Zwang erzielt werden kann, sondern auf Kooperation beruht. Wie einleitend argumentiert wurde, kann eine komplexe Friedensagenda aber auch zu einer Ausweitung der Anwendungsbereiche rechterhaltender Gewalt führen. Die rechtserhaltende Gewalt wäre in diesem Falle als sich selbst erhaltende und ausweitende Gewalt zu verstehen.

4 Ausdifferenzierung statt Eindämmung der rechtserhaltenden Gewalt im Kontext einer komplexen Friedensagenda

Rechterhaltende Gewalt im eben angedeuteten Sinne müsste darauf hinauslaufen, den Anteil des physischen Zwanges an der Bewahrung oder Wiederherstellung des Friedens auf mittlere und längere Sicht zu verringern. Auf dem Gebiet der kollektiven Friedenssicherung nach Kapitel VII der UN-Charta ist die Entwicklung in dieser Hinsicht widersprüchlich. Auf der einen Seite verzeichnet die Statistik einen Rückgang internationaler Kriege. Außerdem hat das Ende des Ost-West-Konflikts zunächst die Handlungsfähigkeit des Sicherheitsrates erweitert. Auf der anderen Seite kann man weder von einer generellen Eingrenzung unilateraler Gewalt zugunsten kollektiver Friedenssicherung sprechen (siehe die Lähmung des Sicherheitsrates im Syrienkonflikt) noch von einem generellen

Bedeutungsverlust militärischer Gewaltanwendung im Umgang mit Konflikten. Unterhalb der kollektiven Friedenssicherung nach Kapitel VII der UN-Charta, beim *UN-Peacekeeping*, zeigt sich etwas mehr Bewegung.

Das *Peacekeeping* wurde schon früh entwickelt, um die Handlungsmöglichkeiten der Vereinten Nationen gegenüber gewaltsamen Konflikten zu flexibilisieren. Es verfügte ursprünglich über eher symbolische militärische Mittel, die dazu dienen sollten, einen Waffenstillstand zu stabilisieren und zwischen den Konfliktparteien den erforderlichen politischen Raum für eine wie auch immer begrenzte Verständigung zu schaffen. Die rechtserhaltende Gewalt der internationalen Gemeinschaft bestand hier darin, dass sie die militärische Anwesenheit der Vereinten Nationen in einem Konflikt als Ansatzpunkt für die Schaffung einer *Instanz* jenseits der Konfliktparteien signalisierte. In den 1990er Jahren wurde die militärische Komponente des *Peacekeeping* ausgebaut. Das robuste *Peacekeeping* ermöglicht auf der einen Seite einen militärischen Selbstschutz der *Peacekeeper*, auf der anderen aber auch die Anwendung von Gewalt zur Durchsetzung von Friedensprozessen gegenüber sogenannten Spoilern. Zur Praxis der UN-Friedensmissionen, die aus dem *Peacekeeping* hervorgegangen sind, gehört seit 2000 routinemäßig auch der Schutz der Zivilbevölkerung in der „Niemandszeit" zwischen Krieg und Frieden. Im Jahre 2014 beschloss der UN-Sicherheitsrat (Resolution 2098) die Entsendung einer „Interventionsbrigade" in die Nordostregion der Demokratischen Republik Kongo mit dem Auftrag, als Teil der Friedensmission MONUSCO gezielte Offensiveinsätze gegen bewaffnete Milizen und Rebellengruppen durchzuführen, sie zu entwaffnen und damit die von diesen Gruppen ausgehende Bedrohung der Autorität des Staates und der Zivilbevölkerung abzuwenden (vgl. Tull 2016). Das stellte ein Novum in der Entwicklung der UN-Friedensmissionen dar, in denen im Jahre 2016 insgesamt mehr als 120.000 Personen beteiligt waren. Zwar hielt Resolution 2098 ausdrücklich fest, dass die Autorisierung einer Kampftruppe im Rahmen einer Friedensmission ausnahmsweise geschehe und keinen Präzedenzfall darstelle. Die Entscheidung folgte aber der Logik der vorausgegangenen Entwicklung der Friedensmissionen, die darin bestand, auf die Hartnäckigkeit von Konflikten mit einer deutlichen Aufwertung der militärischen Gewalt als Teil der Missionen zu reagieren. Gleichzeitig sind die jeweils von den Vereinten Nationen verfolgten Friedensagenden immer komplexer geworden. Zusammen genommen deutet das darauf hin, dass eine komplexe Friedensagenda das Repertoire bestehender Semantiken zur Legitimation von Gewalt (Schutz vor Gewalt, Schutz der Freiheit, Schutz kultureller Vielfalt und sogar Schutz vor materieller Not) auch erweitern kann.

Wie steht es in diesem Zusammenhang mit der internationalen Schutzverantwortung (*Responsibility to Protect*, R2P)? Die Schutzverantwortung kann als ein Versuch gelesen werden, die willkürliche (das heißt nach einzelstaatlichem Ermessen durchgeführte) humanitäre Intervention in die Ausübung rechtserhaltender Gewalt zu transformieren. Sie antwortete auf die verzweifelte Frage des damaligen Generalsekretärs der Vereinten Nationen Kofi Annan, was man denn tun solle, wenn die Intervention bei Fällen gravierender Menschenrechtsverletzungen (Kosovo) genauso wenig akzeptabel sei wie die Nichtintervention (Ruanda, Srebrenica). Das Konzept der Schutzverantwortung sollte (und soll) dieses Problem entschärfen. Es sah in seiner ersten Fassung (ICISS 2001) vor, die Handlungsfähigkeit der internationalen Gemeinschaft durch eine Einbeziehung der UN-Generalversammlung und regionaler Organisationen in den Entscheidungsprozess über den Umgang mit schwerwiegenden Menschenrechtsverbrechen zu stärken. Außerdem schlug die Kommission einen Veto-Verzicht der Permanenten Mitglieder des Sicherheitsrates vor, sofern existenziell wichtige Eigeninteressen dem nicht entgegenstünden. Sollte es dennoch zu einer Blockade der erforderlichen Entscheidungsprozesse kommen, wäre das nach der Kommission ein Problem der gesamten internationalen Gemeinschaft und nicht in erster Linie der Staaten, die bei Handlungsblockaden des Sicherheitsrates das Heft des Handelns in die eigene Hand nähmen.

Die Sondervollversammlung der Vereinten Nationen von 2005 erkannte die Schutzverantwortung als „politisches Prinzip" an, bekräftigte aber die Zentralität des Sicherheitsrates für Zwangsmaßnahmen nach Art. VII der UN-Charta. Der Vorschlag des ICISS-Berichts zu einer Reform des Veto-Gebrauchs wurde von den USA ausdrücklich, von China und Russland stillschweigend abgelehnt. Kofi Annans Nachfolger Ban Ki-moon formulierte später eine Art Standardversion der R2P (vgl. UN Secretary General 2009), die diese auf drei Säulen verteilt: Die Eigenverantwortung aller Regierungen für den Schutz ihrer Bevölkerung, die Pflicht der internationalen Gemeinschaft, die Einzelstaaten falls erforderlich zur Wahrnehmung ihrer Verantwortung zu befähigen und die Pflicht der internationalen Gemeinschaft (repräsentiert durch den Sicherheitsrat), zügig und wirkungsvoll einzugreifen, sollte eine Regierung nicht fähig oder willens sein, ihrer Verantwortung nachzukommen. Wichtig für die vorliegende Argumentation sind hier der Perspektivenwechsel von der Ausübung von Zwang zur konstruktiven Zusammenarbeit mit defizitären, aber kooperationswilligen Regierungen und eine Entmilitarisierung der Schutzverantwortung durch die Aufwertung einer nicht-militärischen Agenda für die Reaktion auf humanitäre Notlagen. Defizitäre Regierungen sollen nicht zur Wahrnehmung ihrer Verantwortung gezwungen, sondern mit Hilfe der internationalen Gemeinschaft befähigt werden. Die Einführung der Schutzverantwortung und insbesondere ihre konzeptionelle Ausarbeitung durch den UN-Generalskretär Ban Ki-moon können als Versuch interpretiert werden, der Ausdifferenzierung von Gewalt im Gefolge einer komplexen Friedensagenda die Ausdifferenzierung des nicht-militärischen Handelns als Antwort auf Massengewalt (Völkermord, ethnische Säuberungen, Verbrechen gegen die Menschlichkeit, Kriegsverbrechen) entgegenzustellen. Damit wäre Gewalt im Rahmen der Schutzverantwortung in der Tat als rechtserhaltende Gewalt zu verstehen, weil sie zwar nicht marginalisiert, im Rahmen des Konzeptes aber in ihrer Bedeutung für den Schutz vor Gewalt und Not sowie den Schutz von Freiheit und kultureller Vielfalt stark relativiert wird. Bei entsprechender Umsetzung der Schutzverantwortung wäre also die Bedeutung von mit Gewalt ausgeübtem Zwang zurückgegangen. In der Praxis haben sich die Dinge aber bisher anders entwickelt. Zwar bezieht sich der Sicherheitsrat in allgemeiner Form immer wieder auf die Schutzverantwortung der Regierungen gegenüber der eigenen Bevölkerung. Aber die von Ban Ki-moon forcierte Entwicklung scheiterte letztlich daran, dass die Autorisierung von Zwangsgewalt im Falle Libyens und die Art der Handhabung des Mandats durch die intervenierenden NATO-Staaten Russland und China einen Vorwand boten, jede Einbeziehung der Schutzverantwortung in den Syrienkrieg zu blockieren. Diese Blockade hat die Eskalation der Gewalt in Syrien vorangetrieben. Von der rechtserhaltenden Gewalt der Schutzverantwortung ist dabei nicht viel übriggeblieben. Die Lehren dieser Erfahrung sind bitter: Die Aufwertung nicht-militärischer Schutzmaßnahmen hat nicht zur Ausweitung kollektiver Handlungskapazitäten zum Schutz von Menschen vor Massengewalt geführt, sondern dazu, dass die Schutzverantwortung gerade im Streit um ihre militärische Komponente zerrieben zu werden droht. Es ist bisher jedenfalls nicht gelungen, eine Lösung für den internationalen Umgang mit Massengewalt zu finden, bei der die Relativierung von Zwangsgewalt nicht mit einem Bedeutungsverlust der Schutzverantwortung einhergegangen wäre. Andererseits hat die Aufwertung von Zwangs-

gewalt im Rahmen der UN-Friedensmissionen deren Wirksamkeit
(und damit letztlich auch deren Akzeptanz) nicht erhöht (vgl. u. a.
Autesserre 2014). Liegt das Problem möglicherweise daran, dass
die Anwendung von Gewalt zur Aufrechterhaltung des Rechts
und zur Weiterentwicklung der Rechtsordnung ihrerseits stets in
Gefahr ist, neues Unrecht zu schaffen?

5   Rechtserhaltende Gewalt und Gewalt erhaltendes Recht

Wie steht es mit dem oben angesprochenen Vertrauen in die
friedensstiftende Kraft des Rechts, auf dem die rechtserhaltenden Gewalt in der Denkschrift beruht? – Unter der Perspektive
des gerechten Krieges verlässt sich der Einsatz von Gewalt auf
die moralische Urteilskraft derjenigen, die zu einem Eingriff in
innerstaatliche Massengewalt fähig sind. Demgegenüber geht es
bei der rechtserhaltenden Gewalt um die Umsetzung des positiven
Rechts. Damit wird eine Denktradition fortgeschrieben, die in
Hobbes' und Kants' Friedenslehren angelegt ist: die Zentralität
des Rechts für die Herstellung und Sicherung des Friedens (vgl.
u. a. Lutz-Bachmann und Bohman 1996; Habermas 1996; Brock
2010). Thomas Hobbes stellt das Recht bei der Gewährleistung
des innerstaatlichen Friedens in den Vordergrund; Immanuel
Kant überträgt die Idee des Rechtsfriedens auf die globale Ebene.
Dabei geht es ihm aber nicht wie Hobbes darum, ein vertraglich
abgesichertes Gewaltmonopol zu schaffen. Das wäre aus Kants
Sicht zwar ideal, aber nicht machbar und überdies gefährlich. Also
stützt sich Kant auf die Institutionalisierung eines kooperativen
Arrangements zwischen den Staaten in der Gestalt eines Staaten-
bundes, das in zweifacher Weise „nach unten" abgesichert wird:
durch die Verbreitung einer republikanischen (demokratischen)

Staatsform und durch die Herausbildung eines Weltbürgerrechts. Frieden durch die Herausbildung eines globalen Gewaltmonopols würde, so befürchtet Kant, einen unkontrollierbaren Despotismus heraufbeschwören. Dass dieser sich von selbst mäßigen und schließlich einer aufgeklärten Politik weichen würde, hat Kant nicht erwartet, auch wenn er der Ansicht war, dass nach dem reinen Vernunftprinzip der Friede auch in einer Welt von Teufeln möglich wäre. In vergleichbarer Weise heißt es in der EKD-Denkschrift: „In der Zielperspektive des gerechten Friedens liegt eine kooperativ verfasste Ordnung ohne Weltregierung" (EKD 2007, Ziff. 86). Umso wichtiger ist die Herausbildung eines Systems von Institutionen und Normen, das den Umgang mit Konflikten kanalisiert und diesen in einen sich selbst verstärkenden Prozess abnehmender Gewalt und zunehmender Gerechtigkeit überführt (vgl. Sikkink 2011).

So gesehen kann Gewalt nur rechtserhaltend sein, wenn sie selbst dem Recht unterworfen ist, der Schutz vor Gewalt also mit dem Schutz der Freiheit für ein Leben in Würde (zweite Dimension des Friedens) einhergeht (Reuter 2013, S. 16). Für ein solches Rechtsverständnis stehen in der gegenwärtigen Weltordnung rechtsstaatlich gesicherte demokratische Verfassungen auf der einen Seite und die UN-Charta (sowie ihr entsprechende regionale Ordnungen) auf der anderen. Die Regeln der UN-Charta (Gewaltverbot, kollektive Friedenssicherung) sind das Produkt einer historischen Ausdifferenzierung des Völkerrechts, die man als Übergang vom Kriegs- zum Friedensrecht bezeichnen kann (vgl. Bothe 2004). Das ist ein Fortschritt, den man nicht kleinreden sollte. Aber abgesehen davon, dass dieser Fortschritt in allen Stufen der Entwicklung durch eine vorausgegangene Eskalation der Gewalt angestoßen wurde, gilt es, im Auge zu behalten, dass das Völkerrecht wie alles Recht jeweils in ein bestimmtes soziales Gefüge eingebettet ist. Wie alles Recht erhebt es den Anspruch, die Machtverhältnisse und Interessenkonstellationen zu transzendieren, aus denen es hervorgegangen ist, bleibt diesen aber immer auch verhaftet. Das zeigt sich nirgends so deutlich wie in der UN-Charta.

Diejenigen, die die Charta der Vereinten Nationen entwarfen, standen unter dem Eindruck eines Krieges, in dem eine große Koalition von Staaten einem Aggressor entgegentrat und ihn schließlich durch kollektives militärisches Handeln bezwang. Ihnen war klar, dass die selbstgestellte Aufgabe, die Menschheit von der Geißel des Krieges zu befreien, nicht einfach durch ein Verbot unilateraler Gewaltanwendung zu erledigen war. Also schufen sie die Möglichkeit der kollektiven Friedenssicherung, die die Anwendung von Zwangsgewalt gegenüber einem Friedensbrecher einschließt, zugleich aber alle Staaten auf die friedliche Streitbeilegung und den Abbau von Konflikten durch funktionale Kooperation verpflichtet. Das war unter weltordnungspolitischen Gesichtspunkten vernünftig, kam aber überhaupt nur zustande, weil die Siegermächte, allen voran die USA und die Sowjetunion, sich im System der kollektiven Friedenssicherung als Permanente Mitglieder des Sicherheitsrates einen Sonderstatus sicherten, der das Funktionieren des Ganzen bis heute von ihrem Ermessen abhängig macht. Wie sehr das der Fall war, zeigte sich im Kalten Krieg genauso wie nach der Auflösung der Sowjetunion, als die liberalen Staaten eine Weltordnung nach ihren Vorstellungen anstrebten. Macht es unter diesen Umständen Sinn, mit Bezug auf die Vereinten Nationen von rechtserhaltender Gewalt zu sprechen?

Die Vereinten Nationen verdanken ihre Existenz dem Bestreben der Hauptakteure (zunächst der USA und Großbritanniens, später auch der Sowjetunion), eine Nachkriegsordnung zu schaffen, in der ihre eigenen Interessen zum Tragen kommen konnten. Zwischen diesen Interessen gab es trotz der Kriegskoalition erhebliche Konflikte. Sie betrafen nicht nur das Verhältnis zwischen Ost und West, sondern auch die Beziehungen zwischen den Westmächten untereinander. Insofern könnte man die Gründung der UNO (wie die des Völkerbundes) als Fortsetzung einer zeitlosen Machtpolitik in einem neuen historischen Kontext betrachten. Entscheidend war aber, dass die USA und Großbritannien die Völkerbundidee trotz der Erfahrungen der Zwischenkriegszeit nicht verwarfen, sondern die Umsetzung dieser Idee in der Form der Vereinten Nationen als in ihrem eigenen Interesse liegend betrachteten und davon auch die Sowjetunion überzeugen konnten. Bis heute besteht dieser Grundkonsens. Das ist bemerkenswert, weil die Entwicklung der UNO keineswegs durch die Interessen der Siegermächte des Zweiten Weltkrieges *determiniert* wurde. Vielmehr entfaltete diese Entwicklung eine Eigendynamik, die so von den Gründungsstaaten kaum antizipiert worden war (Auflösung der Kolonialreiche, Verschiebung der Interessenkonstellationen in der Generalversammlung, Ausweitung funktionaler Kooperation etc.).

Unter diesen Gesichtspunkten bietet die Idee der rechtserhaltenden Gewalt einen normativen Maßstab für die Beurteilung und Kritik der tatsächlichen Politik, die die Staaten als Mitglieder der Vereinten Nationen verfolgen. Im Vordergrund steht dabei der Versuch, Errungenschaften der positiven Rechtsentwicklung (Gewaltverbot, kollektive Friedenssicherung) nicht durch den Rückgriff auf naturrechtliche Argumentationsmuster (Berufung auf ein weit gefasstes „naturgegebenes" Recht auf Selbstverteidigung) zu untergraben.

Die Berufung auf das positive Recht als Fokus für die Kritik der Gewalt hat jedoch ihrerseits Grenzen. Sie liegen darin, dass das positive Recht immer auch als Produkt der bestehenden Gewaltverhältnisse zu verstehen ist, unter denen es der Gewalt Einhalt gebieten soll. Insofern ist zu erwarten, dass die Berufung auf die rechtserhaltende Gewalt auch zur Reproduktion der Gewaltverhältnisse beiträgt, aus denen sich das Recht entwickelt. Rechterhaltende Gewalt (*potestas*) soll zwar der willkürlichen Gewalt (*violentia*) entgegentreten. Aber auch sie bleibt *Gewalt* und muss als solche immer auch kritisch darauf hin reflektiert werden, wieweit sie dem Sog der Willkür folgt, der jeder Gewalt innewohnt. Das kann bezogen auf die verschiedenen Dimensionen des Friedens heißen, dass rechterhaltende Gewalt, die dem Schutz vor Gewalt dient, in Konflikt mit der Überwindung von Not (als der zweiten Dimension des Friedens) und mit dem Schutz der Freiheit gerät, indem sie im Namen der Sicherheit dem Streben nach mehr Gerechtigkeit und Partizipation enge Grenzen setzt.

Aus solchen Zielkonflikten entwickelt sich im Kleinen (in den innerstaatlichen Sozialbeziehungen) wie im Großen (zwischen den Staaten) ein „intuitives Misstrauen gegenüber den Schlichtungskräften des Rechts" (Loick 2017, S. 10). Auf der innerstaatlichen Ebene kommt das darin zum Ausdruck, dass bei Alltagskonflikten der Rechtsweg möglichst vermieden wird, und auf der internationalen Ebene darin, dass dem moralischen Urteil der Staaten im Umgang mit der Gewalt (der sie begegnen und die sie selbst ausüben) oft mehr zugetraut wird als der Berufung auf rechtlich vorgeschriebene Verfahrensweisen. So lässt sich bezogen auf das Recht auf Selbstverteidigung beobachten, dass dessen Verankerung im Naturrecht meist stärkere Beachtung findet als die Verortung dieses Rechts in der (positiv rechtlich geregelten) kollektiven Friedenssicherung (Kap. VII UN-Charta), die in engem Zusammenhang mit dem Verbot unilateraler Gewaltanwendung steht und die Selbstverteidigung unter den Vorbehalt stellt, dass sie nur ausgeübt werden kann, bis der Sicherheitsrat sich des Falles annimmt (Art. 2 Abs. 4 UN-Charta).

An diesen Sachverhalten setzt die postmoderne Kritik des Rechts an (vgl. Brock und Simon 2018). Vornehmlich Walter Benjamin, Michel Foucault und Jacques Derrida heben den Charakter des Rechts als konstitutives Element einer auf partikularen Machtbeziehungen beruhenden Zwangsordnung hervor. Das wirkt sich negativ auf die Belastbarkeit des innergesellschaftlichen Friedens liberaler Demokratien aus, wie heute anhand der Ausbreitung eines militanten Populismus zu beobachten ist. Das Recht ist auf öffentliche Kritik angewiesen, weil nur so der Zusammenhang von Recht und Willkür im Sinne des von Klaus Ebeling ins Feld geführten „prinzipiengeleiteten Pragmatik" in Rechnung gestellt und die Akzeptanz einer Rechtsordnung immer wieder neu begründet werden kann. Die große Kunst besteht darin, diese Kritik so zur Geltung zu bringen, dass sie nicht jene Kräfte mobilisiert, denen es nicht um das Rechtehaben, sondern um das Rechthaben geht. Dass die Kritik des Rechts in diesem Sinne konstruktiv ausbalanciert sein möge, ist zweifellos ein bürgerlicher Traum, aus dem es immer wieder mit einem harten Erwachen rechnen muss.

6 Fazit

Der Zusammenhang zwischen der Entfaltung einer rechtserhaltenden Gewalt und den vier Dimensionen des Friedens, an denen sich die EKD-Denkschrift orientiert, ist vielschichtig. Der Sachzusammenhang zwischen den vier Dimensionen des Friedens kann parallel zur Interpretation der Schutzverantwortung durch den damaligen Generalsekretär der Vereinten Nationen Ban Ki-moon auch zu einer „Zivilisierung" rechtserhaltender Gewalt beitragen, indem neben die Ausübung von militärischer Zwangsgewalt in verstärktem Maße nicht-militärische Mittel der Friedenssicherung (im Bereich von Wirtschaft, Gesundheit, Bildung, Städteplanung, Verwaltung etc.) in den Vordergrund treten. Das liegt in der Intention, die der Denkfigur der rechtserhaltenden Gewalt zugrunde liegt. Dabei wäre davon auszugehen, dass sich Fortschritte in den vier Dimensionen des Friedens wechselseitig verstärken. Das ist jedoch nicht zwingend.

Die Ausübung rechtserhaltender Gewalt wirkt sich zwar auf die Entfaltung des Friedens in allen vier Dimensionen aus. Als Schutz vor Gewalt kommt sie aber nicht automatisch dem Frieden in den anderen drei Dimensionen zugute, und Fortschritte in diesen anderen Dimensionen fördern nicht zwingend den Schutz vor Gewalt. Dieser kann in der Gestalt der innen- und außenpolitischen Sicherheitspolitik der Entfaltung des Friedens in den anderen drei Dimensionen entgegenwirken, indem er, wie eben erläutert, den Spielraum für emanzipatorisches Handeln zur Überwindung von Not, für die Durchsetzung der Menschenrechte und für die Überwindung von Diskriminierung einschränkt (wie das in jedem autoritären System der Fall ist). Zwar ist das Konzept der rechtserhaltenden Gewalt darauf gerichtet, Raum für die Entfaltung des Friedens in allen Dimensionen zu schaffen. Das kann die Ausübung von Gewalt aber nicht leisten, soweit der ihr zugrunde liegende Bezug auf das Recht selbst den Herrschaftsverhältnissen verhaftet bleibt, die es zugunsten eines gerechten Friedens zu überwinden gilt. So ist beispielsweise das Anti-Terrorgesetz der Bundesregierung vom Februar 2015, das im Sinne der Denkschrift zunächst als rechtserhaltende Gewalt gelten kann, mit dem Argument kritisiert worden, dass die dort vorgesehene Kriminalisierung der Ausreise von Islamisten nach Syrien darauf hinauslaufe, Menschen präventiv für die Wahrnehmung bestimmter Rechte (im vorliegenden Fall der Reisefreiheit) mit der Begründung zu bestrafen, dass diese zu strafbaren Handlungen führen könne (Prantel 2015). Hier besteht eine Parallele zu den Bemühungen der Bush-Administration, im Rahmen der Nationalen Sicherheitsstrategie von 2002, die Selbstverteidigung nach Artikel 51 UN-Charta auch auf die Abwehr zukünftiger (also noch nicht akuter) Gefahren auszudehnen. Hier zeigt sich, dass Prävention nicht unbedingt eine Alternative zur Anwendung von Gewalt darstellt, sondern diese paradoxerweise selbst auch fördern kann.

Unter der Perspektive einer grundlegenden Kritik des Rechts als *herrschendes* Recht stellt sich darüber hinaus die Frage, ob das Völkerrecht und mit ihm die Denkfigur der rechtserhaltenden Gewalt – statt kontrafaktische Erwartungen im Dienste am gerechten Frieden zu stabilisieren – nicht eher dazu dient, Illusionen über die Veränderbarkeit der internationalen Politik aufrechtzuerhalten. Das Völkerrecht liest sich dann vorrangig als Protokoll der Gewalt und nicht als Verpflichtung auf deren Einhegung (vgl. Brock 2010, S. 19).

In der Debatte über die rechtserhaltende Gewalt muss der Charakter des Rechts als Zivilisierungsprojekt kontinuierlich hinterfragt werden. Denn „[d]er rechtlichen Legitimation der Gewalt stellt die Kritik die Einsicht in die Gewalt der rechtlichen Legitimation gegenüber" (Menke 2012, S. 10). Sollte diese Kritik so gelesen werden, dass es besser wäre, wenn die Politik (und die Kirchen) jeglichen Bezug auf das Recht vermieden, weil wir so schonungsloser damit konfrontiert würden, wie es um uns steht? Das ist eine rhetorische Frage. Denn alle politisch Denkenden und Handelnden beziehen sich auf das Recht, sie haben es immer getan und werden es Gott sei Dank auch in Zukunft tun. Das bietet Anlass zum Staunen über die Macht des Rechts. Und nirgendwo steht geschrieben, dass diese Macht nur den Mächtigen zur Verfügung steht. Über den Bezug auf das Recht und über die damit verbundene Kritik des Rechts befähigt sich die jeweilige Zeitgenossenschaft, angesichts der Kriege und Konflikte ihrer Zeit zumindest nicht den Verstand zu verlieren, wie der Journalist Jürgen Kaube (2001) über das Aufkommen des europäischen Rationalismus schreibt. Die Idee der rechtserhaltenden Gewalt leistet dazu einen diskussionswürdigen Beitrag für unsere Zeit. Sie trägt wie alle normativen Innovationen der Geschichte weniger zur tatsächlichen Zivilisierung des Umgangs mit Konflikten bei als zur Schaffung eines neuen Bezugsrahmens für deren Kritik. Das ist nicht alles, aber doch viel.

Literatur

Autesserre, Séverine. 2014. *Peaceland. Conflict Resolution and the Ever-day Politics of Intervention*. Cambridge: Cambridge University Press.

Bothe, Michael. 2004. Friedenssicherung und Kriegsrecht. In *Völker-recht*, hrsg. von Wolfgang Graf Vitzhum, 589-668. 3. Aufl. Berlin: De Gruyter Recht.

Brock, Lothar. 2010. Frieden durch Recht. In *Frieden durch Recht*, hrsg. von Peter Becker, Reiner Braun und Dieter Deiseroth, 15-34. Berlin: Berliner Wissenschaftsverlag.

Brock, Lothar und Hendrik Simon. 2018. Die Selbstbehauptung und Selbstgefährdung des Friedens als Herrschaft des Rechts. Eine endlose Karussellfahrt? In *Politische Vierteljahresschrift* 59 (2) i. E.

Chinkin, Christine und Mary Kaldor. 2017. *International Law and New Wars*. Cambridge: Cambridge University Press.

Deng, Francis M., Sadikiel Kimaro, Terrence Lyons, Donald Rothchild und I. William Zartman. 1996. *Sovereignty as Responsibility. Conflict Management in Africa*. Washington, DC.: Brookings Institution.

Die deutschen Bischöfe. 2000. *Gerechter Friede*. Bonn: Sekretariat der deutschen Bischofskonferenz.

Ebeling, Klaus 2018. Was heißt „sich im Leben orientieren"? Eine Ge-dankenskizze. In *Gerechter Friede als Orientierungswissen,* hrsg. von Ines-Jacqueline Werkner und Christina Schües, 9-18. 2. Aufl. Wiesbaden: Springer VS.

Evangelische Kirche in Deutschland (EKD). 2007. *Aus Gottes Frieden leben – für gerechten Frieden sorgen. Eine Denkschrift des Rates der Evange-lischen Kirche in Deutschland*. Gütersloh: Gütersloher Verlagshaus.

Fischer-Lescano, Andreas. 2005. Redefining Sovereignty via International Constitutional Moments? The Case of Afghanistan. In *Redefining Sovereignty: The Use of Force after the Cold War,* hrsg. von Michael Bothe, Mary Ellen O'Connell und Natalino Ronzitti, 335-364. Ardsley Park: Transnational Publishers.

Geis, Anna, Lothar Brock und Harald Müller (Hrsg.). 2006. *Democractic Wars. Looking at the Dark Side of Democratic Peace*. Houdmills: Palgrave.

Habermas, Jürgen. 1996. Kants Idee des ewigen Friedens – aus dem historischen Abstand von zweihundert Jahren. In *Frieden durch*

Recht, hrsg. von Matthias Lutz-Bachmann und James Bohman, 7-24. Frankfurt a. M.: Suhrkamp.

Habermas, Jürgen. 2000. Bestialität und Humanität. Ein Krieg an der Grenze zwischen Recht du Moral. In *Der Kosovo-Krieg und das Völkerrecht*, hrsg. von Reinhard Merkel, 66-98. Frankfurt a. M.: Suhrkamp.

Haspel, Michael. 2009. Zwischen Internationalem Recht und partikularer Moral? Systematisch Probleme der Kriteriendiskussion in der neuesten Just War-Theorie. In *Gerechter Krieg – gerechter Frieden. Religionen und friedensethische Legitimationen in aktuellen militärischen Konflikten*, hrsg. von Ines-Jacqueline Werkner und Antonius Liedhegener, 71-81. Wiesbaden: Verlag für Sozialwissenschaften.

Haspel, Michael. 2013. Responsibility to Protect und Humanitäre Intervention. In *Die Humanitäre Intervention in der ethischen Beurteilung*, hrsg. von Hubertus Busche und Daniel Schuppe, 267-297. Tübingen: Mohr Siebeck.

Hellmann, Gunther (Hrsg.). 2013. *Gerechtigkeit und Frieden*. Frankfurt a. M.: Campus.

Hoppe, Thomas und Peter Schlotter 2017. Responsibility to Protect. Internationaler Menschenrechtsschutz und die Grenzen der Staatensouveränität. In *Handbuch Friedensethik* hrsg. von Ines-Jacqueline Werkner und Klaus Ebeling, 689-701. Wiesbaden: Springer VS.

International Commission on Intervention and State Sovereignty (ICISS). 2001. *The Responsibility to Protect*. Ottawa: International Development Research Center.

Kaube, Jürgen. 2001. Die Welt des Weltkrieges. *Frankfurter Allgemeine Zeitung*, 13. November 2001, S. 47.

Loick, Daniel. 2017. *Juridismus. Konturen einer kritischen Theorie des Rechts*. Berlin: Suhrkamp.

Lutz-Bachmann, Matthias und James Bohman (Hrsg.). 1996. *Frieden durch Recht*. Frankfurt a.M.: Suhrkamp.

Menke, Christoph. 2012. *Recht und Gewalt*, 2. Aufl. Berlin: August.

Merkel, Reinhard. 2000. *Der Kosovo-Krieg und das Völkerrecht*. Frankfurt a. M.: Suhrkamp.

Picht, Georg. 1971. Was heißt Frieden? In *Was heißt Friedensforschung?*, hrsg. von Georg Picht und Wolfgang Huber, 1-33. Stuttgart: Klett Verlag und München: Kösel Verlag.

Prantel, Heribert. 2015. Als wäre ein Werkzeug strafbar. Süddeutsche Zeitung, 4. Februar 2015. www.sueddeutsche.de/politik/neues-anti-terror-gesetz-als-waere-ein-werkzeug-kauf-strafbar. Zugegriffen am 10. Februar 2018.

Reuter, Hans-Richard. 2013. *Recht und Frieden. Beiträge zur politischen Ethik*. Leipzig: Evangelische Verlagsanstalt.

Riechelmann, Cord. 2009. Ein Brausen im Himmel. *Frankfurter Allgemeine Sonntagszeitung*, 31. Mai 2009, S. 38.

Rudolf, Peter. 2017. *Zur Legitimität militärischer Gewalt*. Bonn: Bundeszentrale für politische Bildung.

Sen, Amartya 1999. *Development as Freedom*. New York: Anchor.

Senghaas, Dieter und Eva Senghaas-Knobloch. 2017. Dimensionen des Friedens. In *Handbuch Friedensethik*, hrsg. von Ines Jacqueline Werkner und Klaus Ebeling, 33-42. Wiesbaden: Springer VS.

Sikkink, Kathryn. 2011. *The Justice Cascade. How Human Rights Prosecutions are Changing World Politics*. New York: Norton.

Tull, Dennis M. 2016. *Peacekeeping und der Einsatz von Gewalt. Warum die Interventionsbrigade im Kongo kein Erfolgsmodell ist*. Berlin: SWP.

UN Secretary General. 2009. *Implementing the Responsibility to Protect*. A/63/677. New York: United Nations, January 12.

Werkner, Ines-Jacqueline. 2018. Gerechter Friede als Orientierungswissen? Eine Einführung. In *Gerechter Friede als Orientierungswissen,* hrsg. von Ines-Jacqueline Werkner und Christina Schües, 1-12. 2. Aufl. Wiesbaden: Springer VS.

Der gerechte Frieden und die Ambivalenz rechtswahrender Gewalt – eine Synthese

Torsten Meireis

1 Einleitung

In der Geschichte der Evangelischen Kirche in Deutschland (EKD) markiert die Friedensdenkschrift von 2007 eine Zäsur, sofern sie sich auf das Konzept des gerechten Friedens mit seiner Devise *si vis pacem para pacem* eingelassen hat, das in den ökumenischen Diskursen – unter starker Beteiligung der historischen Friedenskirchen – entwickelt worden ist (vgl. auch Konrad Raiser in diesem Band). Die Differenz zur klassischen Lehre vom gerechten Krieg liegt dabei nicht darin, dass letztere den Krieg als Ziel verfolgt – auch die Lehre vom *bellum iustum* versteht sich als Bemühung um den Frieden. Der zentrale Unterschied im Konzept des gerechten Friedens zu dem des gerechten Krieges liegt einerseits in der Perspektivität, die Konflikte nicht verharmlost, aber primär von gewaltlosen Lösungsmöglichkeiten und der „Gestaltwerdung des Friedens" (Konrad Raiser) statt von einer immer schon als unausweichlich gedachten gewaltsamen Abwehr des Bösen ausgeht. Die Lehre vom gerechten Krieg tendiert indessen dazu, den Krieg – bei aller Zielorientierung am Frieden – als eine unvermeidliche Grundkonstante

© Springer Fachmedien Wiesbaden GmbH, ein Teil von Springer Nature 2019
I.-J. Werkner und T. Meireis (Hrsg.), *Rechtserhaltende Gewalt – eine ethische Verortung*, Gerechter Frieden, https://doi.org/10.1007/978-3-658-22499-8_7

des Lebens anzusehen und entsprechend militärische Bewaffnung
und Rüstung als notwendige Mittel der Politik zu verstehen (vgl.
etwa Honecker 1995, S. 428). Die Differenz liegt andererseits darin,
dass beide auf unterschiedlichen kategorialen Ebenen angesiedelt
sind. Aus diesem Grund wird in der Friedensdenkschrift der EKD
(2007, Ziff. 98) vorgeschlagen, das Konzept des gerechten Krieges
durch das der rechtserhaltenden Gewalt[1] zu ersetzen. Denn freilich
vertritt die Denkschrift keine friedenskirchliche Position eines
absoluten Gewaltverzichts, sondern entwirft eine legalpazifistische
Mittelposition (*contingent* beziehungsweise *legal pacifism*), die
Frieden durch Recht zu implementieren sucht und in Grenzfällen
auch rechtswahrende Gewalt vorsieht. Ihre Anwendung sollen die
so in einen neuen Referenzrahmen gestellten Kriterien der *bellum
iustum*-Tradition regeln. Zudem votiert sie für eine völkerrechtliche
Implementierung der Perspektive des gerechten Friedens, für die
sie auf die emergenten Institutionen der Vereinten Nationen setzt.

Wiewohl die Umstellung auf die Idee des gerechten Friedens
ausweislich der Beiträge dieses Bandes hohe Akzeptanz findet,
ziehen doch sowohl die Annahme, dass entsprechende völkerrechtliche Bestimmungen durch die Vereinten Nationen ermöglicht und
umgesetzt werden könnten (Abschnitt 2), als auch der Rückgriff
auf die Entscheidungskriterien der *bellum iustum*-Tradition bei
gleichzeitiger Ablehnung ihrer Perspektivität (Abschnitt 3) wie die
Idee einer Implementierung des gerechten Friedens durch Recht
(Abschnitt 4) Rückfragen auf sich. Aus diesem Grund haben es
sich die Beiträge des vorliegenden Bandes zur Aufgabe gesetzt,
„grundlegend über die Begründung und Verortung der rechtser-

---

1   In der Denkschrift ist von rechtserhaltender Gewalt die Rede. Hier
     wird die Anregung Hans-Richard Reuters aufgenommen, die seman-
     tisch offenere Formulierung „rechtswahrende Gewalt" zu verwenden,
     um auch Situationen zu beschreiben, in denen es allererst um die
     Etablierung von Rechtsverhältnissen geht (vgl. Reuter 2014, S. 7).

haltenden Gewalt neu nachzudenken" (Ines-Jacqueline Werkner in diesem Band). In der folgenden Synthese sollen diese Fragen aufgegriffen und mögliche Konsequenzen für die Konzeption rechtswahrender Gewalt erwogen werden.

2 Politische Plausibilität und normative Richtigkeit

Besonders die Realität des Syrienkrieges, aber auch der verschiedenen bewaffneten Konflikte vor allem im Nahen Osten drohen die politische Plausibilität des auf den Multilateralismus setzenden Konzepts rechtswahrender Gewalt als Grenzbestimmung eines gerechten Friedens faktisch zu unterhöhlen. Wie insbesondere Lothar Brock ausführt, steht dem zunehmenden Handlungsbedarf eine mangelnde Handlungsfähigkeit der internationalen Gemeinschaft entgegen, die sich etwa in der Blockadepolitik zentraler Sicherheitsratsmitglieder bezüglich des Syrienkonflikts oder des faktischen Scheiterns einer Implementation des Konzepts der *Responsibility to Protect* ausdrückt. Unter diesen Umständen wird, so lässt sich urteilen, mit dem Konzept des gerechten Friedens, das auf die abgestuften Ziele des Schutzes vor Gewalt, der Freiheitsförderung, des Abbaus von Not und der Anerkennung kultureller Diversität abhebt (EKD 2007, Ziff. 78-84), eine substanzielle Verrechtlichung verfolgt, der keine prozedural durchgesetzten Normen entsprechen (Lothar Brock in diesem Band). Dies aber steigert die faktische Missbrauchsgefahr moralischer Argumentationen. Denn unter der Berufung auf die Bestimmung der Konzeption des gerechten Friedens sowie des Ausgriffs auf die Rechtswahrung lässt sich nun – analog zur Politik der „humanitären Intervention" – gerade das Friedenskonzept besonders trefflich zur Gewaltlegitimation nutzen: ein Sachverhalt, den Ines-Jacqueline Werkner in diesem Band mit

der Philosophin Gertrud Brücher als Unterhöhlung des Gewaltverbots der UN-Charta versteht. Argumentativ haben Vertreter
der Konzeption des gerechten Friedens auf diese Problematik mit
einer Abstufung seiner Komponenten reagiert (vgl. Reuter 2008), die
Gewaltvermeidung, Freiheitsförderung, Notabbau und kulturelle
Anerkennung in eine Priorisierungsordnung bringt. Allerdings
wirft dies andere Fragen auf, die sich etwa auf das bekannte Problem
der „strukturellen Gewalt" (Galtung 1975) beziehen.

Vor allem aber ist so zu fragen, ob die auch in den letzten Jahren
gegebenen Versuche politischer Unterminierung des völkerrechtlichen Gewaltverbots der UN-Charta (Art. 2 Ziff. 4), und der ins-
titutionalisierten Instanzen transnationaler Rechtsdurchsetzung
nicht die in der EKD-Friedensdenkschrift (2007, Ziff. 99-102)
behaupteten politischen Kontextbedingungen außer Kraft gesetzt
haben, die für die Plausibilität der Ersetzung der Lehre des *bellum
iustum* durch das Konzept der rechtserhaltenden Gewalt im Kontext
einer Theorie des gerechten Friedens sprechen.

Allerdings sind sowohl die Fragilität der internationalen in-
stitutionalisierten Rechtsordnung als auch die Verbreitung der
Versuche zur politischen Instrumentalisierung rechtlicher und
moralischer Prinzipien keine ganz neue Erscheinung. Und so
sehr etwa die mangelnde Implementierung der *Responsibility to
Protect* beklagt werden kann (vgl. Adams 2015), spricht nun gerade
die Tatsache, dass sich die Antagonisten etwa im Syrienkonflikt
wechselseitig einen Bruch der UN-Charta vorwerfen (vgl. Spiegel
Online 2018) eher für die prinzipielle Geltung der völkerrechtlichen
Rechtsarchitektur, angesichts derer eine Rückkehr zur Vorstellung
eines unbegrenzten Kriegführungsrechts souveräner Staaten auch
praktisch eher unwahrscheinlich erscheint.

Doch selbst für den Fall, dass die internationale Rechtsordnung
durch das politische Handeln der einzelstaatlichen Akteure weiter angegriffen wird, ist zu fragen, ob die theoretische Rückkehr

zur Konzeption des *bellum iustum ab utraque parte*, eines freien Kriegsführungsrechts souveräner Staaten, plausibilisiert werden kann. Die intensive wechselseitige Abhängigkeit und der hohe wirtschaftliche Verflechtungsgrad unserer Welt legen eine solche Idee auch realpolitisch nicht nahe, zumal eine multilaterale, universale institutionelle Rechtsordnung – wie unvollkommen auch immer – ja schon tatsächlich existiert und ein prinzipielles Verbot des Krieges erreicht ist. Überdies bietet gerade das Festhalten an der normativen Konzeption eines gerechten Friedens durch internationales Recht die Möglichkeit einer international anschlussfähigen kriteriengeleiteten kritischen Überprüfung faktischer politischer Vollzüge.

Als bleibende friedensethische Aufgabe unter dem Aspekt rechtswahrender Gewalt ist angesichts der Spannung von normativer Konzeption und machtpolitischer Realität einerseits die plausible Artikulation der normativen Seite des „law paradigm" – im Gegensatz zum „war paradigm" (Melzer 2007, S. 125, 524) – festzuhalten, andererseits aber die Bearbeitung derjenigen moralischen Probleme nicht zu vernachlässigen, die sich für die Akteure in Politik, Recht und den Institutionen rechtswahrender Gewalt aus dieser Spannung ergeben (vgl. etwa Baumann 2008).

3 „Rechtswahrende Gewalt" als Etikettenschwindel?

Die Tatsache, dass die Konzeption rechtswahrender Gewalt sich auf zentrale Kriterien bezieht, die in der Lehre vom *bellum iustum* entwickelt wurden, gibt Anlass zu der besonders von Bernd Oberdorfer artikulierten Frage, „ob der polemische Überwindungs- und Überbietungsanspruch gegenüber dem Konzept des gerechten Krieges angemessen ist". Zu Recht weist er damit zunächst auf die problematische Parallelität der Formulierungen von „gerechtem Krieg" und „gerechtem Frieden" hin, die gelegentlich zu griffigen Ersetzungsformulierungen verführt (vgl. EKD 2007, S. 9), die dem kategorialen Unterschied beider Konzepte nicht gerecht werden: In der Denkschrift wird ja deutlich gemacht, dass die Konzeption des gerechten Friedens eine übergreifende regulative Idee, ein sozialethisches Leitbild darstellt (EKD 2007, Ziff. 78), innerhalb dessen der Gewaltumgang nur eine marginale Rolle spielen darf, die durch die Theorie rechtswahrender Gewalt kriteriologisch beschrieben wird: Das Konzept des gerechten – hier im Sinne von legitimierten – Krieges wird insofern nicht durch das des gerechten Friedens, sondern durch das der rechtswahrenden Gewalt ersetzt (EKD 2007, Ziff. 98). Sofern nun Einverständnis darüber hergestellt werden kann, dass der Gewaltumgang in den Horizont einer Theorie des gerechten Friedens zu stellen ist, lässt sich freilich immer noch fragen, warum die Rede vom gerechten Krieg nicht einfach im Rahmen einer Theorie des gerechten Friedens (so Bernd Oberdorfer in diesem Band) rekonstruiert wird. Peter Rudolf (2017, S. 26ff.) hat hiergegen eingewandt, dass der Begriff des gerechten Krieges missverständlich bleibe, sofern er semantisch ein Verständnis nahelege, das Krieg als Mittel der Gerechtigkeit ausweise. Stattdessen schlägt er im Rekurs auf Baumann (2008, S. 332) die Formulierung „legitime Gewaltanwendung" (Rudolf 2017, S. 30) vor, mittels derer er die klassischen Kriterien des *bellum iustum* rekonstruieren möchte, weil er den Bezug auf das Recht problematisiert. Während der Rechtsbezug im nächsten Abschnitt thematisch wird, ist hier noch ein weiteres Argument für die Semantik rechtswahrender Gewalt anzuführen. Die Rede vom gerechten Krieg zielt semantisch auf militärische Gewalt und impliziert hier eine klare Abgrenzbarkeit von anderen Formen des Gewaltumgangs. Nun verschwimmt aber im Rahmen der Bekämpfung von Terrorismus oder organisiertem Verbrechen und

Peacekeeping die Grenze von polizeilichem und militärischem Handeln (Meireis 2012, S. 2). Zudem sind mit Widerstand und Notwehr auch Phänomene jenseits des staatlichen Gewaltmonopols denkbar, in denen verantwortlicher Gewaltumgang nicht kategorisch ausgeschlossen werden kann. Die Konzeption rechtswahrender Gewalt bietet einen einheitlichen kategorialen Rahmen zur Kritik unterschiedlicher Formen der Gewalt und vermag so etwa auch Problemlagen aufzunehmen, die sich angesichts von Formen hybrider und asymmetrischer Kriegführung stellen (McMahan 2009, S. 159ff.; Meireis 2017).

Darüber hinaus ist ein Desiderat hinsichtlich der Rechtfertigungs- beziehungsweise Legitimationskategorie zu erwähnen. Diese wird in der Denkschrift der ED aus prinzipiellen Gründen problematisiert:

> „Aber auch in Fällen, in denen alle Kriterien erfüllt zu sein scheinen, ist es aus der Sicht christlicher Ethik problematisch und missverständlich, von einer ‚Rechtfertigung‘ des Gewaltgebrauchs zu sprechen. In Situationen, in denen die Verantwortung für eigenes oder fremdes Leben zu einem Handeln nötigt, durch das zugleich Leben bedroht oder vernichtet wird, kann keine noch so sorgfältige Güterabwägung von dem Risiko des Schuldigwerdens befreien." (EKD 2007, Ziff. 103)

Auch die rechtswahrende Gewalt wird so moralisch als Grenzfall eingeführt, die letztlich Schuld impliziert; das Bonhoeffer'sche Motiv der Schuldübernahme (vgl. Bonhoeffer 1992, S. 275) ist unschwer zu erkennen. Dass Gewaltanwendung zulässig sein kann, obgleich sie in christlicher Perspektive moralisch nicht zu rechtfertigen ist, weil sie immer den Grenzfall darstellt, stellt die Akteurin als rechtfertigungsbedürftig vor Gott. Die bleibende tiefe Ambivalenz auch der rechtswahrenden Gewalt und die Spannung, in die eine solche Konzeption christliche Akteure des Gewaltumgangs stellt,

ist weder zu verharmlosen noch durch religiöse Legitimationsbe-
schaffung zu eskamotieren. Sie ist aber öffentlichkeitswirksam zu
artikulieren, weil diejenigen, die in dieser besonderen Spannung
stehen, ohne sich ihr zu entziehen, Wertschätzung verdienen. So
erfordert eine Konzeption rechtswahrender Gewalt im Kontext
eines sozialethischen Leitbilds des gerechten Friedens einerseits
eine umfassende seelsorgliche, psychologische und moralische
Begleitung der Akteurinnen und Akteure des Gewaltumgangs,
die diese Spannung zu bewältigen hilft, andererseits aber die
kirchliche wie gesellschaftliche Wahrnehmung dieser Problematik,
auch wenn sie sich in einem nichtchristlichen weltanschaulichen
Kontext anders darstellen mag.

4   Frieden durch Recht?

Die besondere Pointe der Konzeption rechtswahrender Gewalt
im Kontext des sozialethischen Leitbilds eines gerechten Friedens
liegt nun in der Rechtsbezogenheit, die zum Zentralkriterium der
Gewaltanwendung wird. Weil das Recht in dieser ethischen Sicht als
Instanz wechselseitiger Anerkennung und gewalthindernden oder
-mindernden Konfliktumgangs verstanden wird (vgl. Huber 2012),
ist Gewaltandrohung oder -anwendung nur in jenen Fällen zulässig,
in denen sie zur (Wieder-)Herstellung von Rechtsverhältnissen
unausweichlich ist (EKD 2007, Ziff. 85, 98). Leitend wird somit das
normative Paradigma polizeilichen Handelns. Aber auch hier gilt
die Gewaltanwendung als paradoxer Grenzfall, weil mit ihr das
Rechtsverhältnis wechselseitiger kommunikativer Anerkennung
immer schon verletzt ist (vgl. Huber 2012, S. 225). Die Idee einer
Verbindung von Frieden und Recht sowie die Ermöglichung von
Frieden durch Recht, aber auch die Einsicht in das bleibende Spannungsverhältnis der Gewaltminderung und der Gewaltausübung

des Rechts ist im christlichen Traditionszusammenhang nicht neu (vgl. Marco Hofheinz in diesem Band). Sie ist aber in der Moderne vor allem in der kantischen Tradition vertreten und durch Jürgen Habermas diskurs- und anerkennungstheoretisch rekonstruiert worden (vgl. Habermas 1993; auch Huber 1996). Um zu signalisieren, dass es hier nicht um die umstandslose bloße Bewahrung bestimmter positiver Rechtsordnungen geht, hat Hans-Richard Reuter (2014, S. 7) die Ersetzung des Begriffs der „rechtserhaltenden" durch den der „rechtswahrenden Gewalt" vorgeschlagen. Den Ausschluss eines positivistischen oder allein soziologischen Rechtsverständnisses verdeutlicht die Denkschrift, indem sie die internationale Rechtsordnung immer schon als auf ethische Kritik angewiesen versteht (vgl. EKD 2007, Ziff. 85).

Dass eine solche normative Aufladung des Rechts überhaupt beziehungsweise eine ethische Kritik des positiven Völkerrechts (so Rudolf 2017, S. 26ff.) auch politisch notwendig ist, verdeutlicht Hartwig von Schubert in seinem Beitrag in diesem Band:

> „Nicht nur historisch, sondern auch systematisch geht eine politische Ethik als Rechtsethik und eine Ethik rechtserhaltender Gewalt dem modernen internationalen Recht voraus, denn die aufgeklärte Rechtsidee leitet das positive Recht und nicht umgekehrt. [...] Ohne diesen Ansatz bliebe das gesamte klassische und moderne Völkerrecht unweigerlich dem mehr als berechtigten Verdacht neokolonialer, kulturimperialistischer Überwältigung ausgesetzt."

Allerdings ist sie auch alles andere als unproblematisch, weil in der Umsetzung rechtswahrender Gewalt mit real existierenden (Völker-)Rechtssystemen zu rechnen ist, die dem so implizierten normativen Standard gewaltfreier Anerkennungsverhältnisse nicht entsprechen oder für sehr unterschiedliche Deutungen offen sind, wie etwa Lothar Brock in diesem Band oder Peter Rudolf (2017, S. 17ff.) einschärfen.

Real existierendes Recht verdankt sich nämlich oft genug macht-
oder sogar gewaltvoller Rechtssetzung, die mit wechselseitigen
Anerkennungsverhältnissen wenig zu tun hat (vgl. schon Benjamin
1977). Rechtswahrende Gewalt darf aber ihrer Begründung nach
nicht zur Legitimation der Herbeiführung oder Wiederherstellung
von Rechtsverhältnissen dienen, die de facto Zwangsverhältnisse
darstellen und in denen von einem Rechtsgehorsam aus Freiheit keine Rede sein kann. Nun ist es aber nicht abwegig, davon auszugehen,
dass faktische Rechtssysteme immer schon durch asymmetrische
Macht- und Gewaltverhältnisse kontaminiert sind und militärisches
wie auch polizeiliches Handeln auch zur nackten, gewaltsamen
Unterdrückung dienen kann. Allerdings ist die ethische Reflexion
der Gewalt auch im Kontext eines Leitbilds des gerechten Friedens
nicht vorrangig eine Umsetzungs- und Operationalisierungshilfe
gewaltsamen Handelns im Sinne einer abzuhakenden Checkliste,
nach der dann die Gewaltausübung beruhigt vorzunehmen ist
(so in Bezug auf die *bellum iustum*-Kriterien Rudolf 2017, S. 31).
Vielmehr impliziert die Konzeption rechtswahrender Gewalt nicht
nur eine permanente Kritik der Gewalt, sondern auch des jeweiligen Rechts. Dass dabei nicht nur eine Kriteriologie des gerechten
Friedens, sondern auch des gerechten Rechts in Anschlag gebracht
werden muss, ist ohne Zweifel eine anspruchsvolle Verschärfung
der normativen Herausforderungen: Aber nur so ist eine Präzisierung des Anforderungsprofils der Friedensgestaltung zu erreichen.

Das zentrale Desiderat des so festgestellten Spannungsverhält-
nisses zwischen normativem Anspruch und faktischen Problemlagen besteht dann in einer Arbeitsanweisung: Notwendig ist die
weitergehende konkrete Reflexion realer Problemlagen – von der
Gestaltung transnationaler Bündnisse und Rechtsinstitutionen
bis zu Fragen der Ausstattung von Akteuren des Gewaltumgangs
mit autonomen Systemen – mit Hilfe des kriteriologischen Instru-
mentariums des gerechten Friedens unter Einschluss der Elemente

rechtswahrender Gewalt eingedenk ihrer bleibenden Ambivalenz. Angesichts der Herausforderungen einer multipolaren Weltordnung und zunehmender identitär-nationalistischer Bewegungen wäre jede Beruhigung beim einmal erreichten Reflexionsstand dem Leitbild eines gerechten Friedens unangemessen.

Literatur

Adams, Simon. 2015. *Failure to Protect: Syria and the UN Security Council.* New York: Global Centre for the Responsibility to Protect.

Baumann, Dieter. 2008. *Militärethik. Theologische, menschenrechtliche und militärwissenschaftliche Perspektiven.* Stuttgart: Kohlhammer.

Benjamin, Walter. 1977. Zur Kritik der Gewalt. In *Gesammelte Schriften 4, Bd.II/1,* 179-203. Frankfurt a. M.: Suhrkamp.

Bonhoeffer, Dietrich. 1992. *Ethik. Dietrich Bonhoeffer Werke, Bd. 6.* München: Kaiser.

Evangelische Kirche in Deutschland (EKD). 2007. *Aus Gottes Frieden leben – für gerechten Frieden sorgen. Eine Denkschrift des Rates der Evangelischen Kirche in Deutschland.* Gütersloh: Gütersloher Verlagshaus.

Galtung, Johan. 1975. *Strukturelle Gewalt. Beiträge zur Friedens- und Konfliktforschung.* Reinbek bei Hamburg: Rowohlt.

Habermas, Jürgen. 1993. *Faktizität und Geltung. Beiträge zur Diskurstheorie des Rechts und des demokratischen Rechtsstaats.* 3. Aufl. Frankfurt a. M.: Suhrkamp.

Honecker, Martin. 1995. *Grundriß der Sozialethik.* Berlin: de Gruyter.

Huber, Wolfgang. 1996. *Gerechtigkeit und Recht. Grundlinien christlicher Rechtsethik.* Gütersloh: Gütersloher Verlagshaus.

Huber, Wolfgang. 2012. Legitimes Recht und legitime Rechtsgewalt in theologischer Perspektive. In *Gewalt und Gewalten. Zur Ausübung, Legitimität und Ambivalenz rechtserhaltender Gewalt,* hrsg. von Torsten Meireis, 225-242. Tübingen: Mohr Siebeck.

McMahan, Jeff. 2009. *Killing in War.* Oxford: Oxford University Press.

Meireis, Torsten. 2012. Einleitung. In *Gewalt und Gewalten. Zur Ausübung, Legitimität und Ambivalenz rechtserhaltender Gewalt*, hrsg. von Torsten Meireis, 1-7. Tübingen: Mohr Siebeck.

Meireis, Torsten. 2017. Die Revisionist Just War Theory: Jeff McMahan. In *Handbuch Friedensethik*, hrsg. von Ines-Jacqueline Werkner und Klaus Ebeling, 327-339. Wiesbaden: Springer VS.

Melzer, Nils. 2007. *Targeted Killing under the International Normative Paradigms of Law Enforcement and Hostilities*. Zürich: Schulthess Juristische Medien.

Reuter, Hans-Richard. 2008. Gerechter Friede! – Gerechter Krieg? Die neue Friedensdenkschrift der EKD in der Diskussion. *Zeitschrift für Evangelische Ethik* 52 (3): 163-168.

Reuter, Hans-Richard. 2014. Kampfdrohnen als Mittel rechtswahrender militärischer Gewalt? Aspekte einer ethischen Bewertung. *epd-Dokumentation* 2014, Nr. 49: 37-46.

Rudolf, Peter. 2017. *Zur Legitimität militärischer Gewalt*. Bonn: Bundeszentrale für politische Bildung.

Spiegel Online. 2018. Putin warnt den Westen vor weiteren Angriffen, Spiegel Online vom 15.04.2018. http://www.spiegel.de/politik/ausland/syrien-wladimir-putin-warnt-vor-weiteren-westlichen-angriffen-a-1203020.html. Zugegriffen: 19. April 2018.

Autorinnen und Autoren

Lothar Brock, Dr. phil. habil., Senior-Professor am Institut für Politikwissenschaft der Goethe-Universität Frankfurt a. M. und Gastprofessor an der Hessischen Stiftung Friedens- und Konfliktforschung in Frankfurt a. M.

Marco Hofheinz, Dr. theol. habil., Professor für Systematische Theologie mit dem Schwerpunkt Ethik am Institut für Theologie und Religionswissenschaft an der Leibniz Universität Hannover

Torsten Meireis, Dr. theol. habil., Professor für Systematische Theologie mit dem Schwerpunkt Ethik und Hermeneutik an der Theologischen Fakultät der Humboldt-Universität zu Berlin sowie Direktor des Berlin Institute for Public Theology

Bernd Oberdorfer, Dr. theol. habil., Professor für Systematische Theologie am Institut für Evangelische Theologie an der Universität Augsburg

© Springer Fachmedien Wiesbaden GmbH, ein Teil von Springer Nature 2019   161
I.-J. Werkner und T. Meireis (Hrsg.), *Rechtserhaltende Gewalt – eine ethische Verortung*, Gerechter Frieden, https://doi.org/10.1007/978-3-658-22499-8

Konrad Raiser, Dr. theol., Professor em. für Systematische Theologie an der evangelisch-theologischen Fakultät der Ruhr-Universität Bochum und langjähriger Generalsekretär des Ökumenischen Rates der Kirchen (1992-2003)

Hartwig von Schubert, Dr. theol., Militärdekan im Evangelischen Militärpfarramt Hamburg II an der Führungsakademie der Bundeswehr in Hamburg

Ines-Jacqueline Werkner, Dr. rer. pol. habil., Wissenschaftliche Mitarbeiterin an der Forschungsstätte der Evangelischen Studiengemeinschaft e. V. in Heidelberg und Privatdozentin am Institut für Politikwissenschaft an der Goethe-Universität Frankfurt a. M.

Printed in the United States
By Bookmasters